Schriften zur psycho-sozialen Gesundheit

Jennifer Kikum-Böckmann

Übergangsprobleme auf dem Weg in die ambulante Kinder- und Jugendlichenpsychotherapie

Ergebnisse einer qualitativen Studie und Empfehlungen für die klinische Praxis

Mit einem Vorwort von Prof. Dr. Johannes Jungbauer

Impressum

CIP-Titelaufnahme der Deutschen Bibliothek
Jennifer Kikum-Böckmann
Übergangsprobleme auf dem Weg in die ambulante Kinder- und Jugendlichenpsychotherapie.
Ergebnisse einer qualitativen Studie und Empfehlungen für die klinische Praxis.

Diese Arbeit erscheint im Rahmen der Reihe
"Schriften zur psycho-sozialen Gesundheit"
Herausgeber:
Prof. Dr. Frank Como-Zipfel
Dr. Gernot Hahn
Prof. Dr. Helmut Pauls

Coburg: ZKS-Verlag
Alle Rechte vorbehalten

© 2015 ZKS-Verlag

Cover-Design: Leon Reicherts
Technische Redaktion: Tony Hofmann

ISBN 978-3-934247-76-5

Der ZKS-Verlag ist eine Einrichtung der Zentralstelle für Klinische Sozialarbeit (ZKS)
UG (haftungsbeschränkt), HRB Nummer 5154
Geschäftsführer: Prof. Dr. Helmut Pauls und Dr. Gernot Hahn.

Anschrift:
Zentralstelle für Klinische Sozialarbeit
Mönchswiesenweg 12 A
96479 Weitramsdorf-Weidach

Kontakt:
info@zks-verlag.de
www.zks-verlag.de
Tel./Fax (09561) 33197

Gesellschafter der ZKS:
- IPSG-Institut für Psycho-Soziale Gesundheit (gGmbH) – Wissenschaftliche Einrichtung
  nach dem Bayerischen Hochschulgesetz an der Hochschule Coburg, Staatlich anerkannter
  freier Träger der Jugendhilfe, Mitglied im PARITÄTISCHEN Wohlfahrtsverband.
  Amtsgericht Coburg. HRB 2927.
  Geschäftsführer: Dipl.-Soz.päd.(FH) Stephanus Gabbert
- Dr. Gernot Hahn
- Prof. Dr. Helmut Pauls

Inhaltsverzeichnis

Vorwort		7
1	Einleitung	9
2	Kinder- und Jugendlichenpsychotherapie - Ein Überblick für Deutschland	13
3	Darstellung der Studie	15
	3.1 Forschungsdesign und -methode	15
	3.2 Forschungsfragen und Ziel der Studie	16
	3.3 Rekrutierung der StudienteilnehmerInnen und Durchführung	17
4	Darstellung der Studienergebnisse	19
	4.1 Fallübergreifende Auswertung der Häufigkeitsverteilungen	19
	4.1.1 Beginn der psychischen Auffälligkeiten beim Kind/Jugendlichen	19
	4.1.2 Professionelle Hilfen auf dem Weg in die ambulante Kinder- und Jugendlichenpsychotherapie	20
	4.1.3 Ressourcen und Belastungen aus dem sozialen Netzwerk	23
	4.1.4 Entscheidung für eine ambulante Kinder- und Jugendlichenpsychotherapie	25
	4.1.5 Aufnahme einer verhaltenstherapeutischen/ analytischen Kinder- und Jugendlichenpsychotherapie	26
	4.1.6 Wartezeit und Belastung	26
	4.2 Diskussion und Ausblick	27
	4.2.1 Psychische Auffälligkeiten beginnen häufig in der frühen Kindheit	27
	4.2.2 Ein langer Weg durch eine Vielzahl an Hilfen	28
	4.2.3 Häufig fehlt ein soziales Unterstützungsnetzwerk	29
5	Empfehlungen für die klinische Praxis	31
	5.1 Empfehlungen für die Gemeinwesenarbeit	31

5.2   Empfehlungen auf der Ebene der sozialen Gruppenarbeit ...   42
  5.3   Empfehlungen für die Einzel(fall)hilfe   46
  5.4   Vernetzung aller Ebenen am Beispiel der sozialpsychiatrischen Praxen   49

6 „Wegweiser- Ein sozialtherapeutisches Gruppenangebot für Kinder auf dem Weg in die ambulante Kinder- und Jugendlichenpsychotherapie"   53
  6.1   Persönliches Interesse und Motivation   54
  6.2   Darlegung des Gruppenangebots   55
    6.2.1   Setting und zeitlicher Umfang   60
    6.2.2   Zielgruppe und Zusammensetzung   61
    6.2.3   Zielsetzung   61
    6.2.4   Kompetenzen der Gruppenleitung   65
    6.2.5   Methodisches Vorgehen bei der Konzeption des Gruppenangebots   67
    6.2.6   Methodisches Vorgehen bei der Durchführung des Gruppenangebots   72
    6.2.7   Elternarbeit   100
    6.2.8   Reflexion   100
    6.2.9   Empfehlungen für die Altersgruppe der Dreizehn- bis Achtzehnjährigen   101

7 Gruppenangebot für Eltern, deren Kinder auf einen ambulanten Kinder- und Jugendlichenpsychotherapieplatz warten   103
  7.1   Zielgruppe und Zielsetzung   103
  7.2   Setting und zeitlicher Rahmen   104
  7.3   Kompetenzen der Gruppenleitung   105
  7.4   Inhaltliche Ausgestaltung   105
  7.5   Reflexion und Realisierung   108

8 Fazit   109

Literaturverzeichnis   111

Anhangverzeichnis   121

Abbildungsverzeichnis

1	Beginn der psychischen Auffälligkeiten und/ oder Verhaltensprobleme	20
2	In Anspruch genommene Hilfen aus dem Gesundheitswesen	21
3	Stationäre Unterbringung in der Kinder- und Jugendpsychiatrie	22
4	Soziales Netzwerk	23
5	Scheidungsquote	24
6	Psychische Situation der Eltern	25

Vorwort

Wartezeiten überbrücken, Belastungen reduzieren: „Wegweiser" im Vorfeld einer ambulanten Kinder- und Jugendlichenpsychotherapie

Das vorliegende Buch von Jennifer Kikum-Böckmann greift ein wichtiges klinisches und gesundheitspolitisches Thema auf: Nach aktuellen Studien leiden bis zu 20% aller Kinder und Jugendlichen unter behandlungsbedürftigen psychischen Problemen. Doch bis zum Beginn einer ambulanten Psychotherapie vergeht oft unnötig viel Zeit, und es gibt zum Teil sehr lange Wartelisten. Warum ist dies so? Zum einen kann der vorhandene Therapiebedarf in einigen Regionen Deutschlands nicht hinreichend gedeckt werden, weil es leider zu wenige kassenzugelassene Psychotherapeuten gibt. Einer der Gründe für diese Unterversorgung ist der in den letzten Jahren stark gestiegene Bedarf an Psychotherapie für Kinder und Jugendliche. Psychische Erkrankungen, Verhaltensauffälligkeiten und Entwicklungsstörungen werden heute früher erkannt, und bei den Eltern der betroffenen Kinder besteht eine größere Bereitschaft, einen Therapeuten zu konsultieren. Die Anzahl der Kassensitze wird indes aufgrund der Einwohnerzahl der Region errechnet, die Grundlage dieser Quote trägt jedoch oft nicht dem Bedarf Rechnung. Doch neben dem strukturellen Mangel an Therapieplätzen gibt es weitere Gründe für die langen Wartezeiten auf eine Kinder- und Jugendlichenpsychotherapie. So zeigten sich in der in diesem Buch dargestellten Studie z.B. ungenügendes Fachwissen bei den zuerst kontaktierten Personen, eine defizitäre Kooperation zwischen Institutionen des Bildungs- und des Gesundheitswesens, ein ungenügendes Schnittstellenmanagement zwischen der stationären Kinder- und Jugendlichenpsychiatrie und der ambulanten psychotherapeutischen Versorgung.

Angesichts der langen, oft als sehr belastend erlebten Wartezeiten auf einen Therapieplatz mangelt es derzeit noch an geeigneten Überbrückungskonzepten. Vor diesem Hintergrund leistet Frau Kikum-Böckmann in der vorliegenden Arbeit „Pionierarbeit". Das von der Autorin entwickelte Konzept „Wegweiser" beinhaltet ein innovatives sozialtherapeutisches Gruppenangebot für Kinder in der Wartezeit auf eine ambulante Kinder- und Jugendlichenpsychotherapie.

Das Gruppenangebot ist für Kinder zwischen sieben und zwölf Jahren konzipiert und erstreckt sich über 20 im wöchentlichen Turnus stattfindende Treffen. Ziele, Inhalte und Vorgehensweisen sämtlicher Gruppentreffen werden sehr anschaulich und detailliert, ja liebevoll beschrieben. Eine wichtige Rolle für die Gruppenarbeit spielen dabei fiktive kindliche Identifikationsfiguren und deren Geschichten, die ebenfalls von der Autorin erdacht und entwickelt wurden. Parallel zu den Kindergruppentreffen sollen idealiter Treffen der Eltern stattfinden, in dem deren Anliegen und Fragen besprochen werden können.

Insgesamt handelt es sich also um ein höchst lesenswertes Buch, das vielfältige Anregungen für die psychosoziale Praxis gibt und dem viele Leserinnen und Leser zu wünschen sind. Dass die auf der Grundlage der Master-Thesis von Frau Kikum-Böckmann an der KatHO NRW in Aachen entstandene Arbeit im ZKS-Verlag erscheinen kann, ist meines Erachtens auch ein Zeichen für die erfreuliche Entwicklung, die die Klinische Sozialarbeit in den letzten Jahren in Deutschland genommen hat.

Aachen, 01. März 2015   *Prof. Dr. Johannes Jungbauer*

1 Einleitung

Mit Blick auf die Zunahme psychischer und psychosomatischer Erkrankungen und den damit verbundenen Anforderungen für SozialarbeiterInnen/ SozialpädagogInnen[1] entschied ich mich, im Anschluss an mein Bachelorstudium der Sozialen Arbeit den Master im Studienschwerpunkt „Klinisch-therapeutische Soziale Arbeit" an der Katholischen Hochschule Nordrhein-Westfalen, Abteilung Aachen, aufzunehmen, um umfangreiche diagnostische Kenntnisse, eine erweiterte Methodenkompetenz und therapeutische Qualitäten zu erwerben.

In meiner Praxistätigkeit als Sozialarbeiterin/ Sozialpädagogin, vorrangig im Feld der stationären Kinder- und Jugendhilfe und der psychosozialen Beratung, bin ich Kindern, Jugendlichen und Eltern begegnet, die sich auf dem Weg in die ambulante Kinder- und Jugendlichenpsychotherapie befanden. Häufig berichteten diese von einem langen und für sie unüberschaubaren Weg. Gefühle der Ohnmacht, der Perspektivlosigkeit und der Überforderung können als charakteristisch für die Beschreibung dieses Weges benannt werden. Um diese Gefühle und ihre kognitiven Überzeugungen erfahrbar zu machen, war die Rekonstruktion des bereits zurückgelegten Weges wichtig und notwendig. Gleiches gilt für Kinder, Jugendliche und Eltern, die in der ambulanten Kinder- und Jugendlichenpsychotherapie angekommen sind. Mein Auftrag sowie der institutionelle Rahmen, in dem ich tätig war, waren mit meinem Wunsch, den Weg in die Psychotherapie vollständig zu rekonstruieren, unvereinbar, da dies unerwünscht war. Lediglich einzelne Etappen konnten besprochen und reflektiert werden. In einer Praxis der ambulanten Kinder- und Jugendlichenpsychotherapie, in der ich einige Erfahrungen sammeln durfte, fand die Betrachtung des Weges in die Therapie ebenfalls keine Beachtung.

> „Zur Einsicht in den geringsten Teil ist die Übersicht des Ganzen nötig." (Goethe, 1971, S.49).

---

[1] Zu beachten gilt, dass aus Gründen der besseren Lesbarkeit nicht immer die männliche und weibliche Form benutzt wird. Die Ausführungen beziehen sich jedoch immer auf beide Geschlechter.

Ähnlich wie Wolfgang von Goethe beschreibt, ist es häufig nützlich oder gar notwendig, die Übersicht des ganzen Weges in die ambulante Kinder- und Jugendlichenpsychotherapie nachzuzeichnen, um die aktuelle Situation der Familie, die psychische Befindlichkeit der KlientInnen, ihre Wünsche und Hoffnungen, letztlich den geringsten Teil, erfahrbar werden zu lassen.

Innerhalb des forschungsorientierten Masters nutzte ich die Möglichkeit, meinem Interesse zu folgen und den Weg in die ambulante Kinder- und Jugendlichenpsychotherapie von dreizehn Kindern anhand einer Elternbefragung zu rekonstruieren. Dieses Forschungsvorhaben setzte ich mit einer Kommilitonin und mit der Unterstützung von Herrn Professor Dr. Jungbauer von der Katholischen Hochschule NRW, Abteilung Aachen um.

> „Die 'Hermeneutische Spirale' von Wahrnehmen, Erfassen, Verstehen und Erklären [...] dient hierbei als Orientierung für das therapeutische Vorgehen." (Waibel & Jakob-Krieger, 2009, S. 249).

Sowohl das Vorgehen innerhalb der Studie „Der lange Weg in die ambulante Kinder- und Jugendlichenpsychotherapie", als auch der Aufbau der Ihnen vorliegenden Arbeit kann sehr treffend anhand der hermeneutischen Spirale von Petzold dargelegt werden.

In meiner Praxistätigkeit als Sozialarbeiterin/ Sozialpädagogin B.A. habe ich wahrgenommen, dass es eine erhebliche Unterversorgung in der psychiatrischen Versorgung von Kindern und Jugendlichen in der StädteRegion Aachen (www.staedteregion-aachen.de), vermutlich deutschlandweit, gibt. Betroffene Familien warten häufig (unnötig) lange auf einen ambulanten Psychotherapieplatz und nehmen in Folge dessen eine Vielzahl an Hilfen aus unterschiedlichen Bereichen des Sozial- und Gesundheitswesens in Anspruch. Innerhalb der Studie „Der lange Weg in die ambulante Kinder- und Jugendlichenpsychotherapie" sollten diese und weitere Aspekte beleuchtet und erfasst werden. Das zweite Kapitel gibt einen Überblick über die ambulante Kinder- und Jugendlichenpsychotherapie in Deutschland, um eine Grundlage für die darauf folgenden Kapitel und Inhalte zu schaffen. Das dritte Kapitel stellt die oben genannte Studie umfassend vor, indem zum einen das Forschungsdesign und die zentralen Forschungsfragen dargestellt werden. Die Forschungsfragen können als Resultat der Praxiserfahrungen meiner Kommilitonin und mir verstanden werden und dadurch dem Aspekt des Wahrnehmens innerhalb der hermeneutischen Spirale zugeordnet werden. Daran schließt das vierte Kapitel an, in dem die Studienergebnisse zunächst vorgestellt und später diskutiert werden. Dies entspricht dem Aspekt des Erfassens und Verstehens innerhalb der hermeneutischen Spirale.

Ebenso kann das fünfte Kapitel dem Bereich des Verstehens zugeordnet werden und zudem dem letzten Schritt, dem Erklären. In diesem Kapitel werden Empfehlungen für die klinische Praxis im Sinne der Methodentrias der Sozialen Arbeit ausgesprochen. Diese ergeben sich aus den Erkenntnissen, welche durch die Studie „Der lange Weg in die ambulante Kinder- und Jugendlichenpsychotherapie. Eine qualitative Elternbefragung" gesammelt wurden. Ausgehend von den Wünschen der Befragten, einem von mir ermittelten Bedarf und meinem Engagement für innovative Konzepte in der (klinischen) Sozialarbeit habe ich ein Gruppenangebot für Kinder und eines für betroffene Eltern in der Wartezeit auf einen ambulanten Kinder- und Jugendlichenpsychotherapieplatz ausgearbeitet. Diese werden in Kapitel sechs und sieben vorgestellt. Besonders in diesen beiden Kapiteln möchte ich meine neu erworbenen Fähigkeiten aus dem klinisch-therapeutischen Bereich mit denen als Sozialarbeiterin/ Sozialpädagogin B.A. verknüpfen.

In Kapitel sechs wird die Konzeption und eine mögliche Durchführung des sozialtherapeutischen Gruppenangebots für Kinder auf dem Weg in die ambulante Kinder- und Jugendlichenpsychotherapie mit dem Titel „Wegweiser" dargestellt. Der Fokus des Konzepts liegt zum einen auf der Unterstützung und Stabilisierung des Kindes innerhalb der Wartezeit und zum anderen auf der Beratung und Begleitung auf dem Weg in die ambulante Kinder- und Jugendlichenpsychotherapie. Der Titel des Gruppenangebots steht in direktem Zusammenhang zum Titel dieser Arbeit „Übergangsprobleme auf dem Weg in die ambulante Kinder- und Jugendlichenpsychotherapie" sowie zu den Ergebnisse der Studie „Der lange Weg in die ambulante Kinder- und Jugendlichenpsychotherapie" und die sich daraus ergebenden Empfehlungen für die klinische Praxis.

Das siebte Kapitel umfasst ein Gruppenangebot für Eltern, deren Kinder auf einen ambulanten Kinder- und Jugendlichenpsychotherapieplatz warten. Die Konzeption dieses Gruppenangebots orientiert sich maßgeblich an den Ausführungen zur „Selbsthilfe" und an denen zum „Elterntraining".

Das Fazit der vorliegenden Arbeit dient einerseits zur abschließenden Betrachtung der Ergebnisse der vorliegenden Arbeit und zeigt andererseits Perspektiven in Bezug auf die von mir entwickelten Empfehlungen für die klinische Praxis auf.

2 Kinder- und Jugendlichenpsychotherapie – Ein Überblick für Deutschland

Dieses Kapitel soll einen Überblick über die ambulante Kinder- und Jugendlichenpsychotherapie in Deutschland geben.

Mehr als zwanzig Prozent der Kinder und Jugendlichen in Deutschland zeigen psychische Auffälligkeiten. „Etwa jedes zehnte Kind ist mit hoher Wahrscheinlichkeit psychisch krank, bei weiteren zwölf Prozent finden sich zumindest Hinweise auf eine psychische Auffälligkeit." (Bundespsychotherapeutenkammer, 2013). Jedes zehnte Kind in Deutschland leidet unter Ängsten, jedes zwanzigste Kind unter Depressionen und circa jedes fünfzigste Kind unter einer Aufmerksamkeitsdefizit-/Hyperaktivitätsstörung (Bundespsychotherapeutenkammer, 2013). Lediglich dreißig Prozent der Kinder und Jugendlichen, bei denen eine Psychotherapie induziert ist, können derzeit in Deutschland psychotherapeutisch versorgt werden (swr.de, 2013). Zahlreiche Studien belegen, dass betroffene Kinder, Jugendliche und ihre Eltern durchschnittlich 4,5 Monate auf einen ambulanten Kinder- und Jugendlichenpsychotherapieplatz warten müssen (gbe-bund.de, 2013). Die psychotherapeutische Versorgung für Kinder und Jugendliche dauert in ländlicheren Regionen im Durchschnitt zehn Wochen länger als in städtischen Gebieten Deutschlands (www.swr.de, 2013). Ein besonderer Unterschied hinsichtlich der psychotherapeutischen Versorgung zeigt sich im Ost-West Vergleich des Landes. Die neuen Bundesländer Deutschlands verfügen über einen vierfach verminderten Anteil an Kinder- und Jugendlichenpsychotherapeuten als die übrigen Bundesländer (gbe-bund.de, 2013). Studien zeigen, dass mit zunehmender Dauer der Wartezeit, der Anteil von Menschen, die keine psychotherapeutische Behandlung beginnen, steigt (Foremann & Hanna, 2000; Westin et al., 2011). Ergebnisse der Studie von Issakidis & Andrews (2004) zeigten, dass dreißig Prozent der PatientInnen mit Angststörung im Erwachsenenbereich keine ambulante Psychotherapie begonnen, wenn die Wartezeit mehr als zwei Monate betrug.

Die derzeit geführte politische Debatte über die Reform der Psychotherapieausbildung führt zu einer Diskussion über die Zulassungskriterien und die Gestaltung der Kinder- und Jugendlichenpsychotherapieausbildung in Deutschland. Unklar ist, ob SozialpädagogInnen/ SozialarbeiterInnen und andere pädagogische Berufsgruppen weiterhin die Möglichkeit erhalten, eine Ausbildung zum Kinder- und Jugendlichenpsychotherapeuten zu absolvieren, beziehungsweise unter welchen Voraussetzungen dies möglich sein wird. Die Studie „Kinder- und Jugendlichenpsychotherapeuten in Ausbildung" von Berg et al. (2011) belegt die wichtige Rolle der pädagogischen Berufsgruppen im Bereich der Kinder- und Jugendlichenpsychotherapie. In Nordrhein-Westfalen sind fast vierzig Prozent der Kinder- und JugendlichenpsychotherapeutInnen in Ausbildung SozialarbeiterInnen/ SozialpädagogInnen. Ein weiteres Drittel stellt die Berufsgruppe der Erziehungswissenschaftler. Vom Grundberuf Psychologe/ Psychologin sind lediglich 17,6 Prozent der AusbildungsteilnehmerInnen zum Kinder- und Jugendlichenpsychotherapeuten (Berg et al., 2011). Sollte der Zugang zur Ausbildung für SozialarbeiterInnen/ SozialpädagogInnen und andere pädagogische Berufsgruppen entfallen, wird sich dies negativ auf die ambulante Versorgung psychisch kranker Kinder auswirken und den jetzigen Angebotsmangel an Kinder- und Jugendlichenpsychotherapieplätzen noch weiter verschärfen.

Weitere interessante Ergebnisse im Kontext der ambulanten Kinder- und Jugendlichenpsychotherapie liefert die Studie „Der lange Weg in die ambulante Kinder- und Jugendlichenpsychotherapie. Eine qualitative Elternbefragung"[1], die im nachfolgenden Kapitel detailliert vorgestellt wird.

---

[1] Der Titel der Studie wird auf Grund der besseren Lesbarkeit im Folgenden mit „Der lange Weg in die ambulante Kinder- und Jugendlichenpsychotherapie" abgekürzt.

3 Darstellung der Studie

Die Studie mit dem Titel „Der lange Weg in die ambulante Kinder- und Jugendlichenpsychotherapie. Eine qualitative Elternbefragung" wurde im Rahmen des Masterstudiengangs „Klinisch-therapeutische Soziale Arbeit" an der Katholischen Hochschule Nordrhein-Westfalen, Abteilung Aachen, im Zeitraum von März 2012 bis März 2013 von Frau Jennifer Kikum und einer Kommilitonin des Masterstudiengangs geplant und umgesetzt. Die wissenschaftliche Begleitung erfolgte durch Herrn Prof. Dr. phil. habil. Johannes Jungbauer.

3.1 Forschungsdesign und -methode

Bei der Untersuchung handelt es sich um eine Querschnittstudie, die im Zeitraum von Januar 2013 bis Februar 2013 erhoben wurde. Die Studie stützt sich auf eine Untersuchungsplanung ex ante, bei der die wesentlichen Parameter bereits vor der Durchführung festgelegt wurden. Zu diesen Parametern zählt die Stichprobengröße, die bei zwölf Interviews liegt, die StudienteilnehmerInnen, die im Fall dieser Studie Eltern(-teile) umfassen/ umfasst, deren Kind/er sich in einer ambulanten Kinder- und Jugendlichenpsychotherapie befindet/ befinden, beziehungsweise derzeit auf einen Therapieplatz wartet/ warten. Die Erhebungsmethode und das Erhebungsinstrument standen ebenfalls vor der Realisierung der Interviews fest. Die Entscheidung fiel auf die Durchführung qualitativer Interviews, da die Befragten ihre Sicht frei und ohne die Vorgabe der Interviewführung entwickeln sollten. Nach Jungbauer (2012) eignen sich qualitative Interviews besonders gut für die Rekonstruktion subjektiver Deutungsmuster. Da das Ziel des Forschungsprojektes die Erfassung der psychosozialen Situation sowie eine teilbiografische Rekonstruktion von sozialen Hilfeleistungen in Familien, in denen sich das Kind/ der Jugendliche[1] aktuell in einer ambulanten psychotherapeutischen Behandlung befindet oder aber gegenwärtig auf einen Behandlungsplatz wartet, anstrebt, fiel die Entscheidung

---

[1] An der Studie haben Eltern teilgenommen, deren Kinder zum Zeitpunkt der Erhebung im Alter zwischen sieben und fünfzehn Jahre alt waren.

hinsichtlich des Designs auf die Konzipierung einer qualitativen Studie. Bei den Interviews handelt es sich um narrative Interviews, die eine offene Gestaltung zulassen und im Gegensatz zu problemzentrierten Interviews stärker explorativ sind. Bei der Planung der Studie erstellten die Forschungsmitarbeiterinnen einen Interviewleitfaden[2], der sowohl Einstiegs-, Leitfaden- als auch Abschlussfragen umfasste. Der Leitfaden diente lediglich der Strukturierung einzelner Interviews und wurde frei nach dem Ermessen der Forschungsmitarbeiterinnen eingesetzt. Neben den Fragen im Interviewleitfaden wurden sogenannte Ad-hoc-Fragen gestellt. Diese ergaben sich spontan im Interviewverlauf und waren für die Fragestellung der Studie relevant.

3.2 Forschungsfragen und Ziel der Studie

Ziel der Forschung war es, die Versorgung ambulanter Kinder- und Jugendlichenpsychotherapie in der StädteRegion Aachen zu betrachten und zu überprüfen, ob Kinder/ Jugendliche zeitnah einen Therapieplatz erhalten. Dazu wird die individuelle Wartezeit erfasst und der Fragestellung nachgegangen, wie sich die Wartezeit auf die psychosoziale Situation des Kindes/ des Jugendlichen und dessen Familie auswirkt. Wann die psychischen Auffälligkeiten und/ oder Verhaltensprobleme des Kindes/ Jugendlichen zum ersten Mal aufgetreten sind, wird ebenso aufgezeichnet. Professionelle Hilfeinstanzen, die auf dem Weg in die ambulante Kinder- und Jugendlichenpsychotherapie in Anspruch genommen wurden, sollen notiert werden. Mögliche Vernetzungen und Kooperationen zwischen einzelnen Hilfeinstanzen werden herausgearbeitet. Die Frage, ob eine Psychoedukation durch die unterschiedlichen Hilfeinstanzen stattgefunden hat, ist ebenfalls relevant. Ressourcen aus dem sozialen Netzwerk und Faktoren, die von den befragten Eltern als Entlastung empfunden wurden, werden dargestellt. Zudem wird der Frage nachgegangen, was die Eltern auf dem Weg in die ambulante Kinder- und Jugendlichenpsychotherapie als Belastung erlebt haben. Ferner soll ermittelt werden, welche Beweggründe zur Entscheidung für die Kontaktierung/ Aufnahme einer ambulanten Kinder- und Jugendlichenpsychotherapie geführt haben. Dabei gilt es, die Wahl hinsichtlich des Verfahrens in der Kinder- und Jugendlichenpsychotherapie zu beachten. Letztlich soll die durchschnittliche Wartezeit auf einen ambulanten Kinder- und Jugendlichenpsychotherapieplatz in der StädteRegion Aachen erhoben werden sowie das individuelle Erleben der Wartezeit aus der Sicht der Eltern und der betroffenen

---

[2] Siehe Anhang.

Kinder/ Jugendlichen.

3.3 Rekrutierung der StudienteilnehmerInnen und Durchführung

Mit der Unterstützung von zwei verhaltenstherapeutischen Praxen und einer Psychotherapiepraxis mit analytischem Schwerpunkt aus der StädteRegion Aachen[3] konnten insgesamt zwölf Eltern(-teile) als ProbandInnen gewonnen werden. Die Auswahl der TeilnehmerInnen erfolgte teilweise durch ein Zufallsverfahren und teilweise durch die Auswahl der Therapeutin/ des Therapeuten. Die Interviews fanden in den Räumlichkeiten der entsprechenden Praxis unter Leitung einer Forschungsmitarbeiterin statt und umfassten einen zeitlichen Rahmen von jeweils eineinhalb bis zwei Zeitstunden. Die Interviews wurden nach Einverständniserklärung[4] der ProbandInnen und unter Einhaltung des Datenschutzes auf ein Tonbandgerät aufgezeichnet und später inhaltsanalytisch ausgewertet. Im Anhang befindet sich die Zusammenfassung eines Interviews, das exemplarisch ausgewählt wurde. Die restlichen Zusammenfassungen stehen ausschließlich den Prüfern zur Verfügung, um die Wahrung der personenbezogenen Daten zu gewährleisten. Zudem sollen nach Mayring (2010) alle Dateien einer Sozialforschung den Prüfern einer wissenschaftlichen Arbeit zugänglich gemacht werden, damit sowohl Vollständigkeit als auch Nachvollziehbarkeit der Ergebnisse gegeben sind. Zum besseren Verständnis und als Ergänzung zum Interviewgespräch erstellten die Studienmitarbeiterinnen gemeinsam mit den jeweiligen Eltern(-teilen) einen Zeitstrahl. Der Zeitstrahl bildet den individuellen Weg des Kindes in die ambulante Kinder- und Jugendlichenpsychotherapie ab, auf den die Befragten unter anderem wichtige Ereignisse und die in Anspruch genommenen Hilfen eingezeichnet haben. Ressourcen und Belastungen auf dem Weg in die ambulante Kinder- und Jugendlichenpsychotherapie wurden ebenfalls von den ProbandInnen auf dem Zeitstrahl notiert. Abschließend zeichneten die InterviewteilnehmerInnen eine Kurve, die ihre subjektive Belastung auf dem Weg in die ambulante Kinder- und Jugendlichenpsychotherapie darstellt, ein.

---

[3]Die TherapeutInnen wurden schriftlich von der Katholischen Hochschule NRW, Abteilung Aachen, angeschrieben und um ihre Unterstützung gebeten. Das Anschreiben befindet sich im Anhang.
[4]Siehe Anhang.

4 Darstellung der Studienergebnisse

In diesem Kapitel werden die Ergebnisse der Studie anhand der Häufigkeitsverteilungen einzelner Kategorien vorgestellt.

Die Datenbasis umfasst insgesamt zwölf Interviews, in denen die psychische Problematik von dreizehn Kindern erhoben wurde. Bei einem Interview handelte es sich um ein Elternteil, bei dem sich beide Kinder in psychotherapeutischer Behandlung befinden. Innerhalb der Interviews wurde der Weg in die ambulante Kinder- und Jugendlichenpsychotherapie von sechs männlichen und sieben weiblichen Kindern im Alter von sieben bis fünfzehn Jahren erhoben.

4.1 Fallübergreifende Auswertung der Häufigkeitsverteilungen

In diesem Unterpunkt werden einzelne Kategorien vorgestellt und Aussagen bezüglich der Häufigkeitsverteilung innerhalb der zwölf durchgeführten Interviews getätigt. Die meisten Kategorien wurden aufgrund der eingangs formulierten Fragestellungen der Studie vor der Erhebung konzipiert. Einige wenige ergaben sich nach der inhaltsanalytischen Auswertung.

4.1.1 Beginn der psychischen Auffälligkeiten beim Kind/ Jugendlichen

In acht von dreizehn Fällen zeigten sich erste psychische Auffälligkeiten und/ oder Verhaltenprobleme ab dem Eintritt in die Kindertagesstätte[1] oder sogar früher. Die ProbandInnen gaben an, dass sie die Zeit nach der Geburt des Kindes als sehr ambivalent empfunden haben.

In zwei Fällen wurden erste Auffälligkeiten mit Eintritt in die Grundschule sichtbar. Bei weiteren drei Fällen kann die Trennung, beziehungsweise Schei-

---

[1] Unter dem Begriff Kindertagesstätten werden auch Kindergärten und Kinderkrippen subsumiert. Die Begriffe werden regional unterschiedlich verwendet.

dung, der Eltern als direkter Auslöser der Verhaltensprobleme des Kindes gesehen werden.

In allen Fällen gaben die Befragten an, nicht angemessen über die psychischen und Verhaltensprobleme des Kindes durch Fachleute aufgeklärt worden zu sein. Die Eltern informierten sich ausschließlich über Medien, wie zum Beispiel über das Fernsehen, das Internet oder durch Elternratgeber.

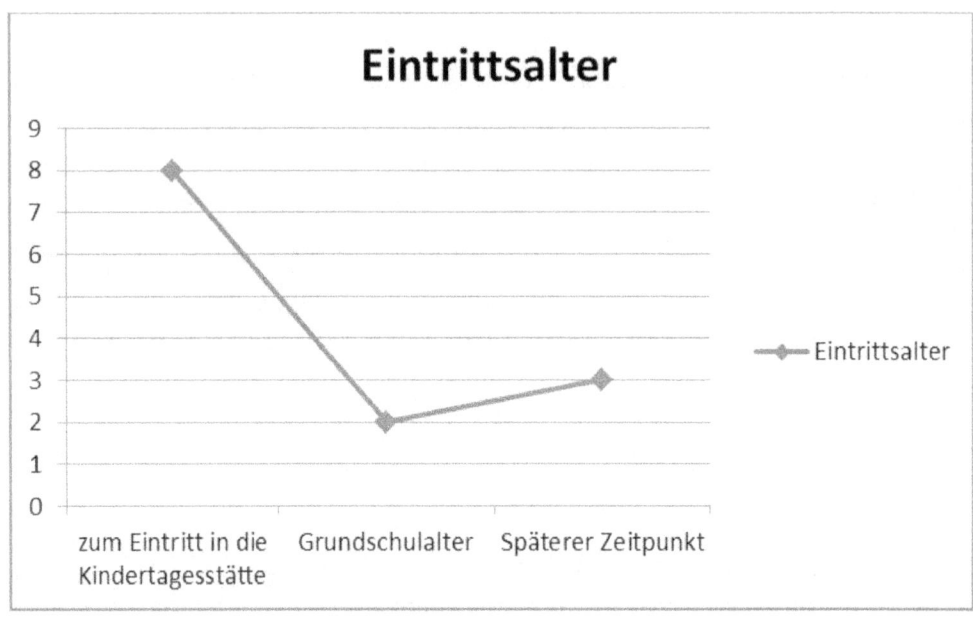

Abbildung 1: Beginn der psychischen Auffälligkeiten und/ oder Verhaltensprobleme

4.1.2 Professionelle Hilfen auf dem Weg in die ambulante Kinder- und Jugendlichenpsychotherapie

Durchschnittlich wurden auf dem Weg in die ambulante Kinder- und Jugendlichenpsychotherapie, beziehungsweise bis zur Wartezeit, 3,76 Hilfen von den Familien für das Kind/ für das Familiensystem in Anspruch genommen. Die Variationsbreite liegt zwischen zwei und acht Hilfen. Bei einer Familie, deren Kind an eine ambulante analytische Kinder- und Jugendlichenpsychotherapie gebunden ist, wurden durchschnittlich 4,6 Hilfen in Anspruch genommen. Dieses Ergebnis ist auffällig und liegt deutlich über der durchschnittlichen Zahl der insgesamt in Anspruch genommenen Hilfen.

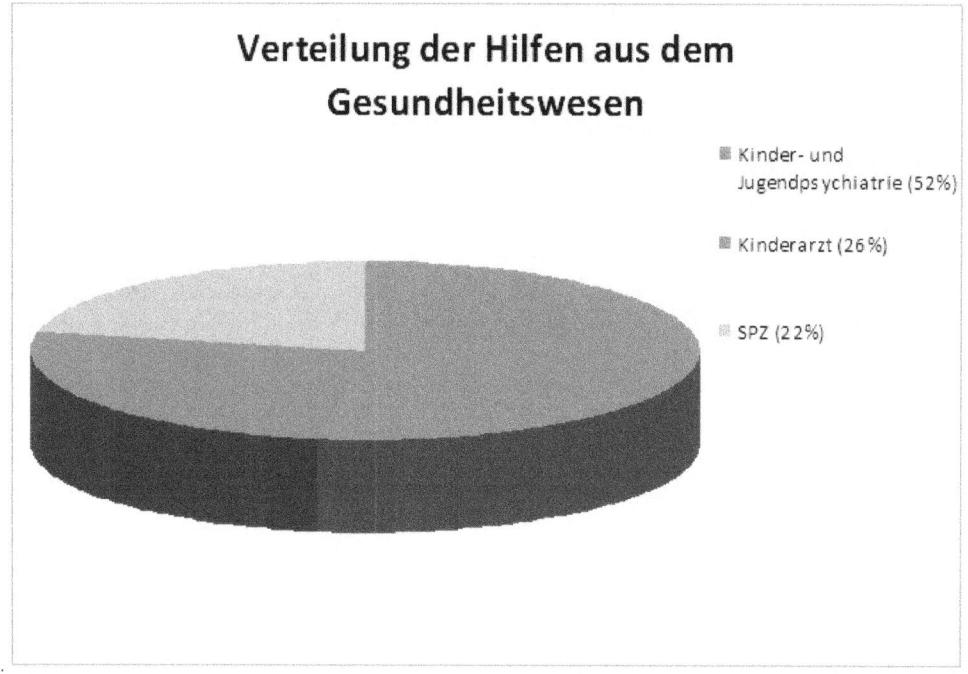

Abbildung 2: In Anspruch genommene Hilfen aus dem Gesundheitswesen

Im Folgenden werden die professionellen Hilfen aufgezählt, die von Eltern genannt und vor der Aufnahme der Therapie/ Aufnahme auf eine Warteliste in Anspruch genommen wurden. Zu den Hilfen aus dem Gesundheitswesen zählen Kinder- und Jugendpsychiater, Kinderärzte, Sozialpädiatrische Zentren sowie die Kinder- und Jugendpsychiatrie (ambulant, teilstationär und stationär). Weiterhin wird der Kontakt zu niedergelassenen Kinder- und Jugendlichenpsychotherapeuten berücksichtigt. Genannte Hilfen aus dem Bildungswesen waren Grund- und weiterführende Schulen sowie im speziellen die angebundene Schulsozialarbeit. Zudem wurden Hilfen des Jugendamts, ambulante Familienhilfen und Erziehungsbeistandschaften sowie Beratungsstellen und Hilfen der Kinder- und Jugendhilfe (ambulant, teilstationär, stationär) aus dem Sektor des Sozialwesens in Anspruch genommen.

Dreiundzwanzig der insgesamt neunundvierzig in Anspruch genommenen Hilfen wurden aus dem Sektor des Gesundheitswesens beansprucht. Mehr als die Hälfte dieser Hilfen lagen im Bereich der ambulanten, teilstationären und

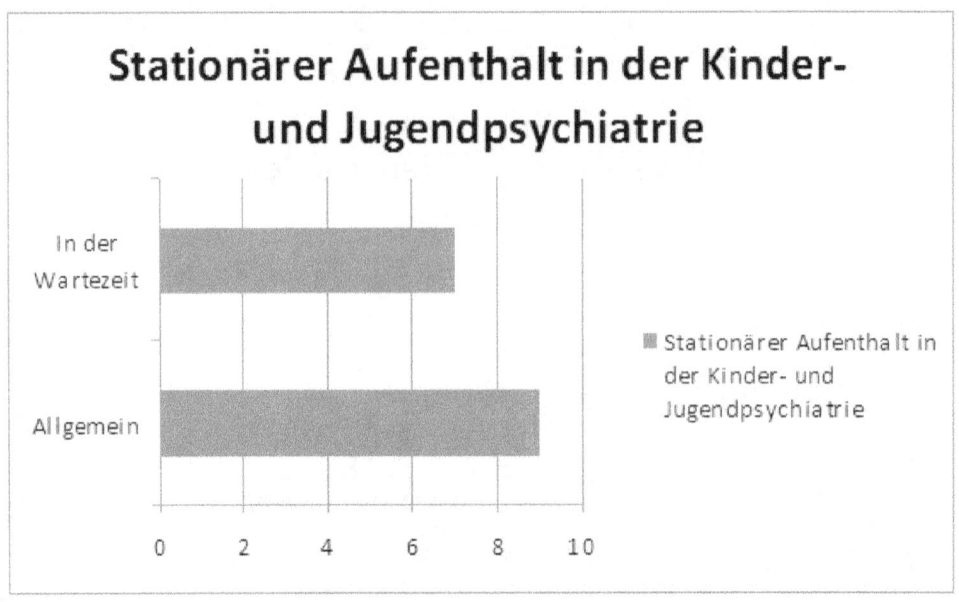

Abbildung 3: Stationäre Unterbringung in der Kinder- und Jugendpsychiatrie

stationären Kinder- und Jugendpsychiatrie. Die verbleibenden Hilfen wurden beim Kinderarzt (26%), beziehungsweise in Sozialpädiatrischen Zentren (22%), in Anspruch genommen. Die verbleibenden Hilfen wurden von anderen als den oben beschriebenen Hilfeinstanzen ausgeführt.

In den meisten Fällen wurde als erste Hilfsinstanz der Kinderarzt kontaktiert (30,8%). 28% der Elternteile suchten zuerst die Schule/ Schulsozialarbeit und weitere 18% das Jugendamt auf, um Rat und Unterstützung zu erhalten. Die übrigen 23,2 Prozent suchten andere der oben aufgelisteten Hilfen auf.

In neun von dreizehn Fällen waren die Kinder vor Aufnahme der Therapie stationär in einer Kinder- und Jugendpsychiatrie untergebracht. Dies entspricht einer Prozentzahl von 69,2. In sieben von diesen neun Fällen wurden die Kinder in der Wartezeit auf einen ambulanten Kinder- und Jugendlichenpsychotherapieplatz stationär in die Kinder- und Jugendpsychiatrie eingewiesen.

83,3% der befragten Elternteile gaben an, dass es keine angemessene Vernetzung und Kooperation zwischen den einzelnen Hilfeinstanzen gab.

Das nachfolgende Zitat einer Interviewteilnehmerin fasst den überwiegenden Teil der Aussagen der Interviewten zusammen, die die Vernetzung und Kooperationen zwischen den einzelnen Professionellen als ungenügend gewertet haben.

„Als Eltern wird man immer ausgeschlossen. Man ist ja dankbar für die Hilfe, aber ich hätte mir gewünscht, dass ich als Person mit meinen Ängsten gesehen werde. Ich habe mir so oft eine Beratung gewünscht. Dazu war eigentlich nie Zeit. Zeitweise bin ich von einem Termin zum nächsten gerannt, ohne zu wissen, wer da was mit meinem Kind macht. Am Ende ist es einem fast schon egal. Da freut man sich, wenn überhaupt etwas passiert."

4.1.3 Ressourcen und Belastungen aus dem sozialen Netzwerk

58,3% der ProbandInnen konnten auf kein soziales Unterstützungsnetzwerk zurückgreifen. In 41,7% der Fälle wurden mindestens zwei, beziehungsweise höchstens drei, Unterstützungsinstanzen aus dem sozialen Netzwerk genannt. Hierbei wurden vor allem der aktuelle Partner und/ oder weitere Bezugspersonen aus dem Verwandten- und/ oder Freundeskreis aufgeführt. Ein Interviewteilnehmer benannte die Mitgliedschaft in einem Verein als unterstützend und entlastend.

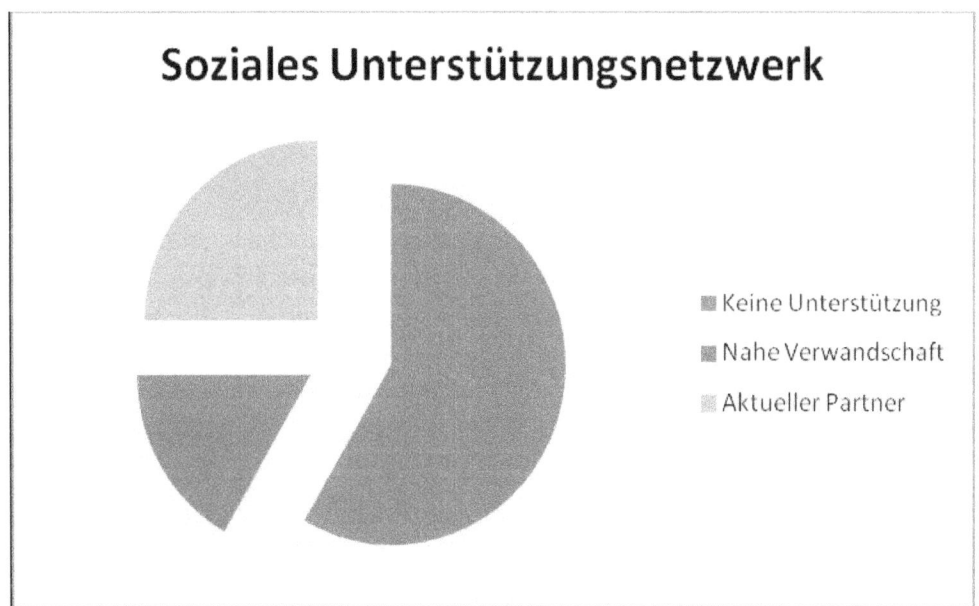

Abbildung 4: Soziales Netzwerk

Besonders auffällig zeigte sich die hohe Rate an geschiedenen und an getrennt lebenden Elternteilen. Von zwölf befragten Eltern(-teilen) waren neun zum Zeitpunkt der Erhebung der Studie vom Vater der betreffenden Kinder getrennt, beziehungsweise geschieden.

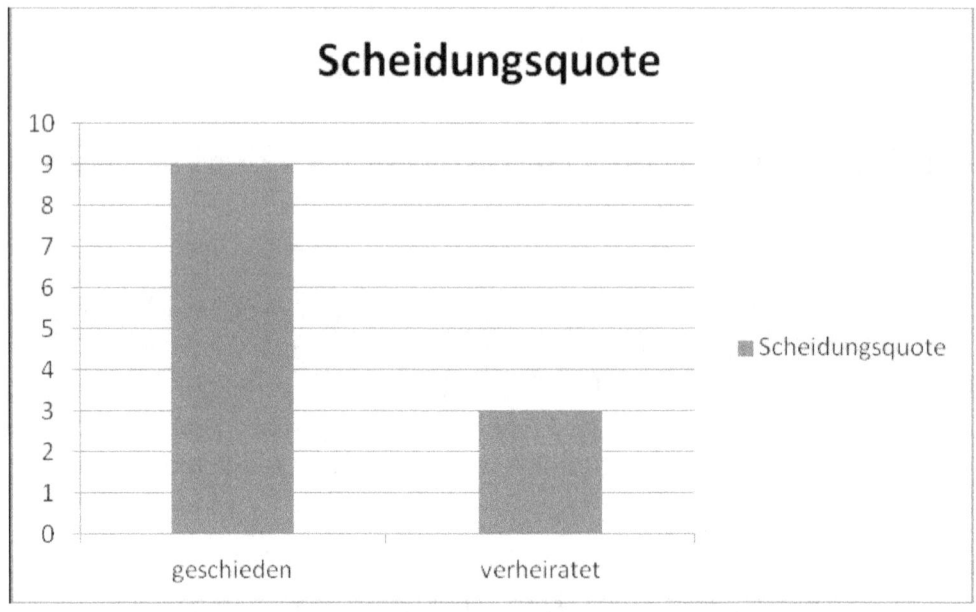

Abbildung 5: Scheidungsquote

Acht von dreizehn Kindern hatten ein oder mehrere Geschwisterkinder. Bei der Hälfte dieser Kinder wurde auch mindestens ein Geschwisterteil des Kindes von den befragten Elternteilen als psychisch auffällig beschrieben. Die übrigen Geschwisterkinder wurden als übermäßig angepasst und psychisch unauffällig dargestellt.

In zehn von zwölf Fällen zeigte sich ebenfalls eine psychisch Auffälligkeit bei mindestens einem Elternteil. Zwei der befragten Elternteile gaben an, sich selbst in einer Psychotherapie zu befinden. Eines dieser beiden Elternteile leidet seit der Geburt des Kindes, dessen Weg in die ambulante Kinder- und Jugendlichenpsychotherapie rekonstruiert wurde, an einer postpartalen Depression. Ein weiteres Elternteil befindet sich auf mehreren Wartelisten zur Aufnahme einer ambulanten Psychotherapie.

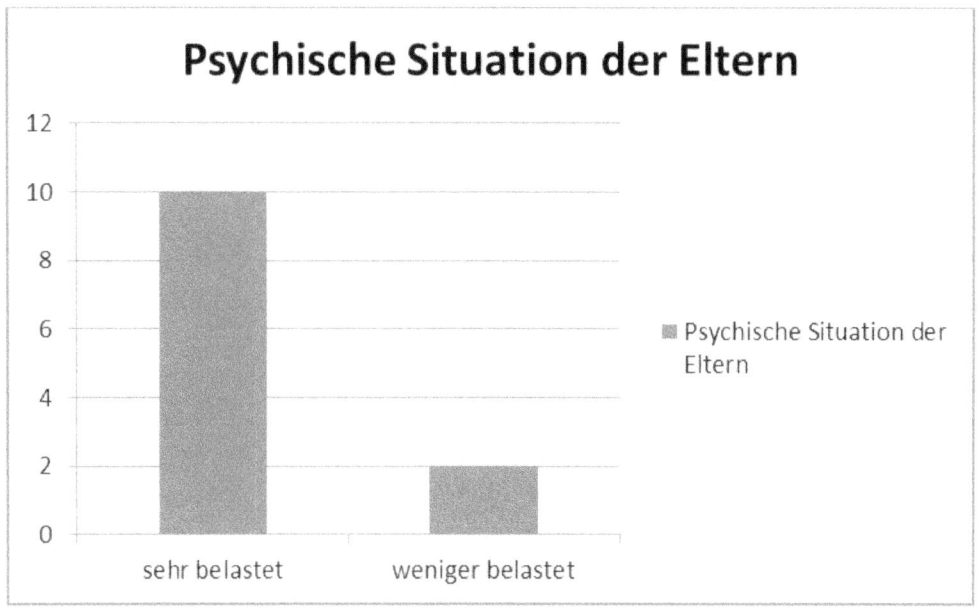

Abbildung 6: Psychische Situation der Eltern

4.1.4 Entscheidung für eine ambulante Kinder- und Jugendlichenpsychotherapie

Die Entscheidung für eine ambulante Kinder- und Jugendlichenpsychotherapie entsprang in allen der dreizehn erhobenen Fälle auf Empfehlung/ Empfehlungen professioneller Hilfeinstanzen.

51,5% der installierten Hilfen auf dem Weg in die ambulante Kinder- und Jugendlichenpsychotherapie haben sich für die Aufnahme des Kindes in eine ambulante Kinder- und Jugendlichenpsychotherapie gegenüber mindestens einem Elternteil ausgesprochen. In 48,5% der Fälle kam es zu einer wiederkehrenden Empfehlung zu Beginn einer ambulanten Kinder- und Jugendlichenpsychotherapie durch unterschiedliche Hilfeinstanzen.

Die meisten Empfehlungen wurden aus dem Bereich des Gesundheits- beziehungsweise Bildungswesens ausgesprochen. In 40% der Fälle haben die Eltern eine Empfehlung für eine ambulante Kinder- und Jugendlichenpsychotherapie durch Hilfen aus dem Gesundheitswesen erhalten. Bei der Hälfte handelte es sich um eine Empfehlung seitens der Kinder- und Jugendpsychiatrie. In 15% der Fälle wurde die Empfehlung von SchulsozialarbeiterInnen oder KlassenlehrerInnen, also aus dem Bildungswesen, ausgesprochen.

4.1.5 Aufnahme einer verhaltenstherapeutischen/ analytischen Kinder- und Jugendlichenpsychotherapie

In acht von zwölf Fällen fand keine Entscheidung hinsichtlich des Vertiefungsgebietes einer Kinder- und Jugendlichenpsychotherapie statt. Die ProbandInnen berichteten, dass sie sowohl verhaltenstherapeutisch ausgebildete TherapeutInnen als auch analytische Kinder- und JugendlichenpsychotherapeutInnen kontaktiert haben. Die Kinder begonnen bei jenem Therapeuten, der als erstes einen Platz anbieten konnte, eine Therapie. Die Unterschiede und inhaltliche Ausgestaltung der beiden Verfahren waren den acht interviewten Elternteilen unbekannt. In drei von dreizehn Fällen nahmen die Kinder der befragten Eltern eine Therapie bei einer Therapeutin/ einem Therapeuten, der ihnen von einer oder mehreren professionellen Hilfeinstanzen empfohlen wurde, auf. In zwei dieser drei Fälle nahmen die jeweiligen Hilfeinstanzen Kontakt zur Therapeutin/ zum Therapeuten auf und stellten den Kontakt zwischen Eltern und TherapeutIn her. In diesen Fällen betrug die Wartezeit lediglich eine Woche. In nur einem von dreizehn Fällen wurde eine konkrete Empfehlung hinsichtlich des Verfahrens durch eine professionelle Hilfeinstanz gegenüber den Eltern eines Kindes getätigt. Dieses Elternpaar entschied sich jedoch - entgegen der Empfehlung - für ein anderes Verfahren in der Kinder- und Jugendlichenpsychotherapie.

4.1.6 Wartezeit und Belastung

Im Durchschnitt betrug die Wartezeit 18,5 Wochen, beziehungsweise 4,6 Monate. Die geringste Wartezeit betrug 1 Woche, die längste Wartezeit 32 Wochen.

Mehr als zwei Drittel der Eltern empfanden die Wartezeit als sehr belastend und gaben an, Schuldgefühle zu hegen sowie Gefühle des Scheiterns in Bezug auf ihre eigene Erziehungsfähigkeit. Sie äußerten zudem Wünsche hinsichtlich der Gestaltung der Wartezeit. Am häufigsten wurde die Teilnahme an einer Kindergruppe zur Überbrückung der Wartezeit als Wunsch von den Eltern für ihre Kinder geäußert. Ein solches Gruppenangebot wünschen sich die Befragten ebenfalls für sich selbst. Diese Gruppe soll vor allem einen Austausch zwischen Betroffenen ermöglichen und Rat und Unterstützung durch eine/n Sozialarbeiter/in bieten. Darüber hinaus wurde ebenfalls häufig der Wunsch nach einer/ einem professionellen Ansprechpartner in der Wartezeit auf eine ambulante Kinder- und Jugendlichenpsychotherapie durch die Interviewten genannt.

> „Auf dem Weg in die ambulante Kinder- und Jugendlichenpsychotherapie hätte ich mir viel mehr Hilfe und Unterstützung gewünscht. Ich hätte gerne mit anderen Eltern gesprochen, deren Kind ähnliche Probleme hat. Ich hab' mich gefühlt wie eine Außerirdische. Bei meinen Bekannten läuft immer alles nach Plan - wir waren da die Ausnahme. Eine Elterngruppe hätte ich toll gefunden. Da kann man sich austauschen und voneinander lernen. Für S. hätte ich mir eine Bezugsperson gewünscht. Jemand, der mit ihm redet und für ihn da ist. Vielleicht ein Kind, das auch eine Therapie macht oder machen muss. [...] Eine Gruppe wäre natürlich Ideal. S. würde dann mehr Kontakt zu Gleichaltrigen bekommen und hätte sowohl Kinder als auch 'ne Fachperson als Ansprechpartner. In so einer Gruppe könnte er auch lernen, was mit ihm los ist und wie er sich verhalten kann. In so einer Gruppe könnte er 'was lernen und Spaß haben. Das würde uns gefallen."

Auffällig ist, dass vier von fünf Eltern, deren Kind sich in einer ambulanten analytischen Kinder- und Jugendlichenpsychotherapie befindet/ oder auf einen Platz wartet, die Wartezeit als nicht oder gering belastend erlebt. Eltern, deren Kind sich in einer verhaltenstherapeutischen Kinder- und Jugendlichenpsychotherapie oder aber auf einer Warteliste befindet, erleben/ erlebten die Wartezeit durchweg als Belastung.

4.2 Diskussion und Ausblick

In diesem Kapitel werden die wichtigsten Ergebnisse der Studie zusammengefasst und diskutiert. Erste Empfehlungen für die klinische Praxis, die sich aus den Erkenntnissen der Studie ergeben, werden angesprochen und in Kapitel fünf umfassend dargestellt.

4.2.1 Psychische Auffälligkeiten beginnen häufig in der frühen Kindheit

Die vorliegende Studie zeigt, dass die Mehrheit der Verhaltensauffälligkeiten bereits im Kleinkindalter begonnen hat. Fachkräfte in Kindertagesstätten verfügten in der Regel über keine adäquaten Kenntnisse über psychiatrische Auffälligkeiten und Erkrankungen im Kindesalter. Kooperationen zu Hilfs- und Unterstützungsangeboten aus dem Sozial- und Gesundheitswesen stellten eine Ausnahme dar. ErzieherInnen nahmen die psychischen und/ oder Verhaltensprobleme der Kinder wahr und äußerten ihre Beobachtungen gegenüber den Erziehungspersonen. Eine Psychoedukation und Beratung blieb in allen erhobenen Fällen aus. Betroffene Eltern nutzten unterschiedliche Medien, wie das Internet, zur Informationsgewinnung über die psychischen Auffälligkeiten und/ oder Verhaltensprobleme ihrer Kinder.

Die Ergebnisse der Studie legen nahe, dass ErzieherInnen darin geschult werden müssen, psychische Auffälligkeiten und Verhaltensprobleme von Kindern wahrzunehmen und eine entsprechende Vermittlung zu Hilfs- und Unterstützungsangeboten einzuleiten. Eine Vernetzung zwischen Fachleuten im Bildungs-, Gesundheits- und Sozialwesen gilt es zu fördern und zu fordern. Der Ausbau von Kindertagesstätten zu sogenannten Familienzentren kann an dieser Stelle befürwortet werden und als eine mögliche Verbesserung hinsichtlich der Versorgung psychisch auffälliger Kinder und deren Eltern aufgezeigt werden, wenn diese die Kriterien zur Bezeichnung „Familienzentrum" erfüllen.

LehrerInnen fiel die Vermittlung von Kindern mit psychischen- und/ oder Verhaltensauffälligkeiten zu entsprechenden Institutionen und Einrichtungen im Sektor des Gesundheitswesens ebenfalls schwer. Sie verfügten über ähnlich wenige Kooperationen zu Fachkräften im Gesundheits- und Sozialwesen wie die Fachkräfte der Kindertagesstätten. LehrerInnen sollten sich daher ebenfalls im Rahmen ihrer Ausbildung mit Themen psychischer Erkrankungen im Kindes- und Jugendalter auseinandersetzen. Eine Kooperation zu Fachleuten im Gesundheits- und Sozialwesen gilt es ebenfalls wie für ErzieherInnen zu fordern.

4.2.2 Ein langer Weg durch eine Vielzahl an Hilfen

Obwohl die Verhaltens- und psychischen Auffälligkeiten schon frühzeitig wahrgenommen werden, nehmen die Betroffenen auf dem Weg in die ambulante Kinder- und Jugendlichenpsychotherapie durchschnittlich drei bis vier Hilfs- und Unterstützungsangebote in Anspruch. In den meisten Fällen wird der Kinderarzt und/ oder die Schule/ Schulsozialarbeit als erste Anlaufstelle von den Eltern aufgesucht. Fast die Hälfte der in Anspruch genommenen Hilfen können dem Sektor des Gesundheitswesens zu-geordnet werden. Ein Viertel dieser Hilfen wurden aus dem Bereich der stationären Kinder- und Jugendpsychiatrie wahrgenommen. Die Mehrheit der betroffenen Kinder wurde während der Wartezeit auf einen ambulanten Kinder- und Jugendlichenpsychotherapieplatz stationär in die ambulante Kinder- und Jugendpsychiatrie aufgenommen.

Über 83% der Elternteile äußerte explizit, dass es keine ausreichenden Kooperationen und Vernetzungen zwischen den einzelnen Hilfeinstanzen auf dem Weg in die ambulante Kinder- und Jugendlichenpsychotherapie gab. Die interviewten Eltern(-teile) gaben an, diesen Umstand als zusätzlich belastend erlebt zu haben.

Daher muss eine stärkere und funktionierende Vernetzung zwischen Akteuren des Bildungs-, Gesundheits- und Sozialwesen gefordert werden. Therapeutische Angebote sollten zudem bereits frühzeitig für Kinder und ihre Eltern bereitgestellt werden, um im Sinne der Prävention wirken zu können und um weitere Hilfemaßnahmen, die sich über einen längeren Zeitraum erstrecken und zu einer Verfestigung der Symptomatik führen, zu meiden. Dies wäre auch im Sinne des Gesundheitssystems, da präventive Angebote eine Kostenminimierung späterer Behandlung bedeuten würde.

4.2.3 Häufig fehlt ein soziales Unterstützungsnetzwerk

Die Ergebnisse der Studie zeigten deutlich, dass Eltern von verhaltensauffälligen/ psychisch auffälligen Kindern und Jugendlichen auf ein unzureichendes soziales Unterstützungsnetzwerk zurückgreifen können. In der Entwicklungspsychopathologie wird das Vorhandensein eines sozialen Unterstützungsnetzwerks als wesentlichen Schutz- und Resilienzfaktor betrachtet, um einer pathologischen Entwicklung entgegenzuwirken und Belastungen von außen bewältigen zu können (Oerter & Montada, 2008).

Drei Viertel der Befragten waren zum Zeitpunkt der Erhebung vom leiblichen Elternteil des Kindes getrennt und/ oder geschieden. Die Trennung/ Scheidung wurde häufig als Grund für ein fehlendes soziales Netzwerk genannt, da Bezugspersonen nicht mehr zur Verfügung stehen. Eine Trennung/ Scheidung ist für alle Betroffenen mit einem Entwicklungsrisiko verbunden. In drei von dreizehn Fällen wurde die Trennung und Scheidung der Eltern als Ursache für die Entstehung von psychischen Auffälligkeiten des Kindes benannt.

Das Thema Trennung und Scheidung ist aufgrund der hohen Scheidungsquote in Deutschland zentral und bedarf einer stärkeren Thematisierung in Theorie und Praxis. Elternabende in Kindertagesstätten, Familienzentren, Grund- und weiterführenden Schulen zu eben dieser Thematik ist sinnvoll und notwendig. Gruppenangebote für Kinder und Jugendliche sowie präventive Angebote zum Thema Trennung und Scheidung müssen weiter ausgebaut werden.

83% der Kinder und Jugendlichen, deren Weg in die ambulante Kinder- und Jugendlichenpsychotherapie rekonstruiert wurde, hatten Eltern, die ebenfalls psychisch erkrankt waren. Auffällig war, dass lediglich 20% der erkrankten Elternteile therapeutische Hilfe in Anspruch nahmen. Begründet wurde dies durch einen Mangel an Therapieplätzen im Erwachsenenbereich, beziehungsweise wurde eine eigene therapeutische Behandlung als nicht notwendig erachtet.

Hieraus leitet sich der Bedarf ab, systemische Interventionen unter Einbezug der Eltern in der ambulanten Psychotherapie auszuführen, aber auch in weiteren pädagogischen und therapeutischen Arbeitsfeldern, um mögliche wechselseitige Beeinflussungen zu erkennen und Probleme im Kontext des ganzen Familiensystems zu betrachten. In der Elternarbeit sollte bei Bedarf die Weiterempfehlung der Eltern in eine eigene Therapie/ Unterstützung ausgesprochen werden.

5 Empfehlungen für die klinische Praxis

Aus den Ergebnissen der Studie „Der lange Weg in die ambulante Kinder- und Jugendlichenpsychotherapie" lassen sich wichtige Empfehlungen für die klinische Praxis ableiten. Es gibt an der Schnittstelle der Kinder- und Jugendpsychiatrie und der ambulanten Kinder- und Jugendlichenpsychotherapie offenbar nur sehr mangelnde Kooperationen und Hilfestellungen zur Gestaltung eines guten Übergangs für Kinder und ihre Eltern. Kinder zeigen erste psychische Auffälligkeiten und/ oder Verhaltensprobleme häufig erstmals in Institutionen des Bildungswesens, wie in Kindertagesstätten, in Grund- und weiterführenden Schulen. Kooperationen und Vernetzungen zum Gesundheits- und Sozialwesen, um entsprechende Hilfs- und Unterstützungsmöglichkeiten dem Kind und dessen Eltern zukommen zu lassen, stellten eine Ausnahme dar. Insgesamt beurteilten die befragten Eltern(-teile) die Vernetzung und Kooperation zwischen den einzelnen Hilfs- und Unterstützungsangebote auf dem Weg in die ambulante Kinder- und Jugendlichenpsychotherapie mit 83,3 Prozent für ungenügend. Die langen Wartezeiten auf einen ambulanten Kinder- und Jugendlichenpsychotherapieplatz werden zudem von den betroffenen Kindern und ihren Eltern häufig als belastend erlebt. In diesem Kapitel werden daher Empfehlungen zu diesen Studienergebnissen - auf unterschiedlichen Systemebenen - im Sinn der Methodentrias in der Sozialen Arbeit ausgesprochen.

5.1 Empfehlungen für die Gemeinwesenarbeit

Die Gemeinwesenarbeit ist neben der sozialen Gruppenarbeit und der Einzel(fall)hilfe ein Element der Methodentrias der Sozialen Arbeit. „Sie integriert handlungspraktische Methoden, Sozialforschung und politisches Handeln." (Ningel, 2011, S. 317). Im Nachfolgenden werden vorrangig Kooperationen zwischen dem Bildungs- und Gesundheitswesen als Teil des Gemeinwesens betrachtet und diskutiert sowie Kooperationen und Vernetzungen innerhalb des Gesundheitswesens. Einzelne Überlegungen zur Verbesserung der Vernetzung und Kooperation zwischen dem Bildungs-, Gesundheits- und Sozialwesen werden ebenfalls dargestellt.

Das Bildungs- und Gesundheitswesen als Teil des Gemeinwesens stützt sich auf zwei unterschiedliche, voneinander erstmals unabhängige, Funktionssysteme, die ihren eigenen binären Code enthalten (Lambers, 2010). Das Bildungswesen bezieht sich auf den binären Code der Vermittlung von Wissen. Das dreigliedrige Schulwesen ist auf Inklusion, beziehungsweise Exklusion, ihrer Individuen angelegt. Individuen werden aufgrund von erbrachter, beziehungsweise nicht erbrachter, kognitiver Leistung im Schulwesen verortet. Schulabschlüsse tragen später in entscheidendem Maße zur Platzierung in der Gesellschaft bei (Schubert, 2008). Gesellschaft gliedert sich nach Luhmann im Sinne der Systemtheorie in unterschiedliche Teilsysteme. Jedes Teilsystem kann als geschlossenes, autopoetisches System betrachtet werden, da es sich selbst durch Kommunikation erzeugt (Lambers, 2010). Das Gesundheitswesen bezieht sich auf den binären Code der Förderung, beziehungsweise Wiederherstellung, von Gesundheit. Diese und weitere Teilsysteme bilden letztlich unsere Gesellschaft. Zu beachten gilt, dass jedes Teilsystem einer eigenen Systemlogik folgt und dadurch keine allgemeingültige Norm in und für die Gesellschaft ableitbar ist.

Ergebnisse der Studie „Der lange Weg in die ambulante Kinder- und Jugendlichenpsychotherapie" verweisen darauf, dass die Kooperation zwischen Akteuren des Bildungs- und Gesundheitswesen nicht zufriedenstellend verläuft. Die beiden Funktionssysteme arbeiten nach ihrer individuellen Systemlogik, ohne entsprechend Bezug aufeinander zu nehmen. Die ProbandInnen, die an der oben genannten Studie teilgenommen haben, merkten innerhalb der Interviews an, dass ErzieherInnen und Lehrkräfte Verhaltens- und/ oder psychische Auffälligkeiten wahrgenommen haben, jedoch keine entsprechende Intervention, beziehungsweise Vernetzung zum Gesundheitswesen oder Sozialwesen, einleiten konnten. Die befragten Eltern gaben an, dass Lehrkräfte in der Regel über keine Kooperationen und Vernetzungen zu Akteuren im Gesundheitswesen verfügten und entsprechendes Wissen über Hilfs- und Unterstützungsmöglichkeiten fehlte. Hinsichtlich der Versorgung von Kindern und Jugendlichen ist ein Austausch zwischen dem Bereich des Bildungs- und Gesundheitswesens unabdingbar, alleine schon, weil das System Schule das zentrale System überhaupt für Kinder darstellt. Das System Schule prägt das Leben der Kinder, da sie dort einen Großteil ihrer Zeit verbringen und Beziehungen zu Gleichaltrigen eingehen (Retzlaff, 2010). Zudem zeigen sich im Kontext Schule häufig Verhaltens- und/ oder psychische Probleme und Auffälligkeiten von Kindern, wie es in der oben genannten Studie deutlich wurde. Schulen, die auf einen oder mehrere SchulsozialarbeiterInnen zurückgreifen können, konnten den Eltern und ihren

Kindern helfen, ein Angebot aus zum Beispiel dem Bereich des Gesundheitswesens wahrzunehmen. Schulsozialarbeit fungierte dort als Brücke zwischen dem Bildungs- und Gesundheitswesen. Der Schulsozialarbeit kommt somit eine wichtige und zentrale Rolle unter anderem in der Vermittlung zwischen Bildungs- und Gesundheitswesen zu. Die Frage, wie LehrerInnen lernen können, mit Schülern in psychischen Krisen umzugehen, erscheint bedeutend und bedarf ebenfalls einer genauen Betrachtung und der Formulierung von Empfehlungen.

> „Lehrer von heute betrachten sich häufiger als nicht zuständig, auf persönliche Bedürfnisse und Probleme ihrer Schüler einzugehen. Unter dem Druck der großen Klassen und des Lehrplans, der eine Fülle von Stoff zu vermitteln 'zwingt', finden sie nicht die erforderliche Zeit, erzieherisch intervenieren zu können. Auch fühlen sie sich nicht ausreichend fachwissenschaftlich, didaktisch und pädagogisch ausgebildet, um mit schwierigen Lehr- und Lernsituationen adäquat umzugehen." (Knopp & Ott, 2002, S. 237).

Die Inhalte des Zitats weisen auf erhebliche Mängel in der akademischen und praktischen Ausbildung zum Lehrer/ zur Lehrerin hin, die es im Weiteren zu überdenken gilt. Die heilpädagogische Fakultät der Universität zu Köln versucht das Ausbildungsmanko mit Sonderveranstaltungen, wie Lesungen und Diskussionsrunden, zu Themen „psychisch erkrankter Kinder und Jugendlicher" zu begegnen. Diese Angebote richten sich leider nur an zukünftige Sonderschullehrerinnen. Ausbildungsangebote für alle angehenden LehrerInnen zu Themen psychischer Erkrankungen im Kindes- und Jugendalter müssen ausgearbeitet werden (Knopp & Ott, 2002). Als Ergebnis der unterschiedlichen Sonderveranstaltungen der Universität zu Köln hat sich eine Projektgruppe aus LehramtsstudentInnen der Heilpädagogischen Fakultät gegründet, die sich während des Studiums mit der oben genannten Thematik praxisnah und fakultätsübergreifend auseinandersetzt haben (ebd., 2002). Knopp & Ott (2002) sprechen sich zudem für eine Novellierung des Lehramtsstudiums aus. Jeder Lehreramtsstudent soll die Möglichkeit erhalten ein Wahlpflichtfach oder ein Modul zu besuchen,

> „[...] in dem Themen wie die Probleme psychisch kranker Kinder und Jugendlicher und die Wirkung der Probleme auf das Lernen der betroffenen Kinder und Jugendlichen sowie auf die didaktische wie methodische Gestaltung von Unterricht bearbeitet werden." (ebd., 2002, S. 239).

Als dritte und letzte Empfehlung wird der Aufbau eines Netzwerkes, basierend auf der Projektgruppenarbeit und Modulausbildung, formuliert, indem die Netzwerkpartner gemeinsame Hilfen zur Entlastung der Betroffenen gestalten. Das Netzwerk sollte folgende Netzwerkakteure umfassen. Zum einen Betroffene, Angehörige, Schulen und Universitäten und zum anderen Institutionen des Sozial- und Gesundheitswesens, wie Sozialpsychiatrische Dienste, Schulpsychologische Dienste und Kinder- und Jugendpsychiatrien (ebd., 2002).

Die Kooperation und Vernetzung zu Professionellen im Sozialwesen gelang ErzieherInnen und Lehrkräften besser als zum Gesundheitswesen. ErzieherInnen und Lehrer vermittelten häufiger an MitarbeiterInnen des Jugendamtes.

Kooperationen zu Trägern der Kinder- und Jugendhilfe durch ErzieherInnen und Lehrerkräfte wurde von einem Elternteil, das an der Studie „Der lange Weg in die ambulante Kinder- und Jugendlichenpsychotherapie" teilgenommen hat, als ebenfalls negativ gewertet. Ein Austausch zwischen Lehrkräften und MitarbeiterInnen der stationären Kinder- und Jugendhilfe über wichtige, das Kind/ den Jugendlichen betreffende Themen, findet häufig nicht oder nicht zufriedenstellend statt. Aufgrund personeller Engpässe werden schulische Termine, wie die Teilnahme am Elternsprechtag, von MitarbeiterInnen der Kinder- und Jugendhilfe nicht wahrgenommen. Die Vernetzung und Kooperation zwischen Institutionen der Kinder- und Jugendhilfe und dem Gesundheitswesen wurde ebenfalls von diesem Elternteil als verbesserungswürdig beschrieben. Die einzelnen Funktionssysteme arbeiten nebeneinander ohne entsprechend positiv Bezug aufeinander zu nehmen.

> „Jugendhilfe bleibt oft auf die Funktion eines 'Dienstleisters' beschränkt. Die Jugendhilfe wiederum nutzt den medizinisch - psychiatrischen und psychotherapeutischen Bereich als 'Reparaturbetrieb'. Die daraus entstehenden Missverständnisse, Vorbehalte, Stereotypien und Unsicherheiten machen ein partnerschaftliches Zusammenwirken in den tertiären Netzwerken schwierig. Bezieht man die Schule in diese Überlegungen mit ein, beobachtet sie aus ihrer Perspektive zunächst Leistungs- und soziale Probleme, die zu Problemen im Schulalltag führen." (Gahleitner & Homfeldt, 2013, S. 502, In Fischer & Kosellek, 2013).

Wichtig und notwendig erscheint ein Austausch zwischen Akteuren des Bildungs-, Gesundheits- und Sozialwesens, der durch den Aufbau und die regelmäßige Teilnahme an einem eigenen Arbeitskreis gewährleistet werden kann. MitarbeiterInnen der jeweiligen Sektoren können ihre Arbeit vorstellen und sich darüber austauschen. Kooperationen und Vernetzungen können dadurch aufgebaut und gepflegt werden. Ein Austausch über die Arbeit mit Klienten aus dem Blickwinkel der jeweiligen Akteure wird unter Einhaltung der Schweigepflicht in anonymisierter Weise möglich. Dieses Vorgehen würde dem bio-psycho-sozialen Ansatz gerecht werden, da dadurch schwierige Klientensysteme, wie zum Beispiel sogenannten hard-to-reach-Klienten, unter dem Fokus unterschiedlicher Professionen und Funktionssysteme betrachtet und diskutiert werden könnten. Missverständnisse, Vorbehalte und Stereotypien, die sich zwischen dem Bildungs- und Gesundheitswesen sowie zur Kinder- und Jugendhilfe, wie im obigen Zitat beschrieben, ergeben, können abgebaut werden, um eine bedarfsgerechte, an den Bedürfnissen der KlientInnen orientierte, Vernetzung und Kooperation zu ermöglichen. Der 13. Kinder- und Jugendbericht fordert ebenfalls eine konstruktivere Zusammenarbeit zwischen dem Bildungs- und Gesundheitswesen sowie zu Einrichtungen der Kinder- und Jugendhilfe im Sinne „multimodaler Versorgungsnetze" (Bundesministerium für Familie, Senioren, Frauen und Jugend, 2009; Gahleitner & Homfeldt, 2013,).

Neben diesen Empfehlungen möchte ich mich an dieser Stelle besonders für den Ausbau von Familienzentren aussprechen.

In acht von dreizehn Fällen begonnen die psychischen Probleme und/ oder Verhaltensprobleme der Kinder, deren Eltern an der Studie „Der lange Weg in die ambulante Kinder- und Jugendlichenpsychotherapie" teilgenommen haben, bereits in der Kindertagesstätte, beziehungsweise im Säuglingsalter. Die Etablierung sogenannter „Early Excellence Centres" in Deutschland wäre daher sinnvoll und wünschenswert. „Early Excellence Centres" können verstanden werden als Zentren für Kinder und ihre Eltern (Hahn & Hahn, 2012, In Gahleitner & Hahn, 2012).

> „Als Arbeitsschwerpunkte nennt die Gründerin eines der ersten Familienzentren neben der frühkindlichen Erziehung und flexibler Angebote für Kinder (in Notsituationen und Kinder mit besonderen Bedürfnissen) ausdrücklich die Erwachsenenbildung und familienunterstützende Angebote. Der Early Excellence-Ansatz entwickelt die Kindertagesstätte zum Dienstleistungszentrum für junge Eltern, um ihnen dort die Unterstützung zukommen zu lassen, wo auch ihre Kinder sind." (ebd., 2012, S. 14).

Wichtig ist, dass diese Familienzentren in der Nähe der Familien verwurzelt sind und somit möglichst vielen Familien zugänglich gemacht werden. Die Idee der „Early Excellence Centres" stammt aus Großbritannien. Dort wurden diese Centres bereits in den 80er Jahren des zwanzigsten Jahrhunderts etabliert, um eine Verknüpfung zwischen Familie und Kindergarten zur Optimierung der Betreuung und Bildung von Eltern und Kindern zu ermöglichen (Hahn & Hahn, 2012, In Gahleitner & Hahn, 2012). In Nordrhein-Westfalen startete im Jahr 2005 unter der Federführung des Jugendministeriums, dem Ministerium für Generationen, Familie, Frauen und Integration, das Landesprojekt Weiterentwicklung von Kindertageseinrichtungen zu Familienzentren (Schubert, 2008). Kindertageseinrichtungen sollen - neben den durch das SGB VIII festgeschriebenen Aufgaben - folgende weitere Aufgaben übernehmen. Das Angebot der unter Dreijährigen soll verbessert und kontinuierlich ausgebaut werden. Familienzentren sollen zu einer Verbesserung der Vereinbarkeit von Familie und Beruf beitragen und Eltern in ihrer Erziehungsarbeit beratend und unterstützend zur Seite stehen. In Nordrhein-Westfalen wurden im Jahr 2006 251 Kindertagesstätten ausgewählt, die sich innerhalb einer einjährigen Pilotstudie zu einem Familienzentrum weiterentwickeln sollten. Neben den 251 Kindertagesstätten wurden sechs sogenannte Best-Practice-Einrichtungen aus Nordrhein-Westfalen ausgewählt und in die Pilotstudie einbezogen. Zu den Best-Practice-Einrichtungen zählten Einrichtungen, die bereits gut entwickelt waren, wissenschaftlich begleitet und überregional bekannt waren. Diese Einrichtungen sollten den Kindertagesstätten, die zu Familienzentren innerhalb der Pilotstudie ausgebaut werden sollten, hilfreiche Impulse geben und diese in ihrer Entwicklung unterstützen. 2006, nach einer einjährigen Pilotphase, konnten wichtige Erkenntnisse gewonnen werden, die maßgeblich für den Ausbau weiterer Familienzentren nutzbar gemacht werden können. Innerhalb der gelungenen Erweiterung von Kindertagesstätten zu Familienzentren können vier unterschiedliche Modelle herausgearbeitet werden. Zum einen das Modell „Unter einem Dach", das Modell „Lotse", das Modell „Galerie" und schließlich das „Verbundmodell" (Schuber, 2006).

> „Wichtig für das Gelingen des Aufbaus des angestrebten strukturübergreifenden Netzwerks ist, dass nicht ein Prototyp eines gut funktionierenden Familienzentrums durch die Landesregierung vorgegeben wurde, an denen sich die zukünftigen Familienzentren orientieren müssen. Vielmehr ist es für das Gelingen von sozialer Netzwerkarbeit vor Ort wichtig zu ermöglichen, dass der Sozialraumbezug sowie die räumlichen Gegebenheiten der Einrichtungen im Konzept Berücksichtigung finden können." (ebd., 2006, S. 192).

Dieses Vorgehen entspricht dem Gedanken von Gemeinwesensarbeit, denn

„[...] Gegenstand der sozialen Interventionen in der sozialpädagogischen Stadtteilarbeit sind sogenannte Sozialräume; dazu gehören Bevölkerungsbereiche, Nachbarschaften, Stadtteile und Gemeinden und übergreifende Projekte." (Ningel, 2011, S. 316).

Die unterschiedlichen Modelle und damit die individuelle Ausgestaltung der Familienzentren veranlassen, dass der Sozialraum betrachtet und genutzt wird. In diesem Sinne werden Projekte, wie der Ausbau von Kindertagesstätten zu Familienzentren, unter der Berücksichtigung und dem Einbezug des Sozialraumes getätigt. Das Modell „Unter einem Dach" beschreibt eine regelmäßige Kooperation zu Professionellen zum Beispiel in der Familienberatung, Familienbildung und Erziehungsberatung. MitarbeiterInnen dieser und weiterer Felder Sozialer Arbeit führen regelmäßig Elternabende und Gruppenangebote in den Räumen des Familienzentrums durch und ermöglichen so einen niedrigschwelligen Zugang zu eben diesen Hilfs- und Unterstützungsangeboten. In dem Modell „Lotse" kooperieren die MitarbeiterInnen des Familienzentrums mit einzelnen Institutionen und Einrichtungen aus dem Sektor des Bildungs-, Sozial- und Gesundheitswesens. Die MitarbeiterInnen nehmen aktiv die Position des Lotsen ein, indem sie Eltern an kooperierende Einrichtungen und Verbände überweisen. Die Kindertagesstätte, beziehungsweise das Familienzentrum, sind in diesem Modell der erste Ansprechpartner für Eltern und Kind und nehmen eine Koordinierungsfunktion wahr. Das Modell „Galerie" spricht sich für den Zusammenschluss einzelner Hilfs- und Unterstützungsangebote unter einem Dach, nämlich im Familienzentrum, aus. Eltern und Kinder sollen konkrete Hilfe und Unterstützung im Familienzentrum erhalten. Die Angebote sind von Einrichtung zu Einrichtung unterschiedlich. Die örtlichen Gegebenheiten und die räumlichen Möglichkeiten der Kindertagesstätte entscheiden über die Zusammenstellung von Angeboten im Familienzentrum (Schubert, 2006). Das letzte Modell, das „Verbundmodell", beschreibt einen Zusammenschluss unterschiedlicher Kindertagesstätten oder aber unterschiedlicher anderer Einrichtungen unter Beteiligung einer Kindertagesstätte zu einem gemeinsamen Verbund. Dieser Verbund agiert dann im Sinne eines Familienzentrums. „Der Vorteil besteht bei diesem Modell darin, dass Ressourcen und Kompetenzen gebündelt werden können und dadurch ein noch breiteres Leistungsspektrum angeboten werden kann." (ebd., 2006, S. 193). Familienzentren sind dadurch gekennzeichnet, dass sie das Gütesiegel „Familienzentrum NRW" tragen. Die ausgezeichneten Familienzentren erhalten eine jährliche staatliche Förderung in Höhe von 1.200 Euro. Die Gütesiegel werden für insgesamt vier Jahre verliehen. Nach Ablauf dieser Zeit wird von einem entsprechenden Komitee geprüft, ob das jeweilige Familienzentrum die Kriterien zur Verleihung des Gütesiegels weiterhin aufweist (ebd., 2006). Abschließend lässt sich festhalten, dass Familienzentren einen wichtigen Beitrag und - je nach Modell - vermittelnden Auftrag wahrnehmen können und bereits frühzeitig geeignete Hilfs- und Unterstützungsangebote für Eltern, Kinder und Familien bereitstellen, beziehungsweise zugänglich machen können. Bezogen auf die Studie „Der lange Weg in die ambulante Kinder- und Jugendlichenpsychotherapie" würden psychische Auffälligkeiten und/ oder Verhaltensprobleme frühzeitig wahrgenommen werden können und entsprechende Interventionen eingeleitet, beziehungsweise vermittelt werden können. Im Sinne der Prävention könnten Familienzentren ebenfalls einen wichtigen und notwendigen Beitrag leisten. MitarbeiterInnen könnten im Sinne der primären Prävention Informationen für Eltern zu zum Beispiel, entwicklungspsychologischen Themen, bereitstellen und psychoedukativ zu unterschiedlichen Themen tätig werden. Sowohl im Sinne der primären als auch der sekundären Prävention können MitarbeiterInnen der Familienzentren Mütter und/ oder Väter im Sinne der „guten Großmutter" unterstützen. Bei schwierigen Mutter-/ Vater-Kind-Beziehungen können die MitarbeiterInnen Modell für die Eltern und für die Kinder die Position der „good enough mother" nach Winnicott einnehmen (Winnicott, 2010). In jedem Fall können die MitarbeiterInnen frühzeitig Einfluss auf die Mutter-Kind-Bindung, beziehungsweise Vater-Kind-Bindung, nehmen, indem sie die Elternteile darin unterstützen, feinfühlig auf die Bedürfnisse des Kindes einzugehen. Dadurch können Bindungs- und Beziehungsstörungen verhindert werden, beziehungsweise korrigierende Beziehungserfahrungen durch die MitarbeiterInnen ermöglicht werden.

Zehn von zwölf ProbandInnen, die an der Studie „Der lange Weg in die ambulante Kinder- und Jugendlichenpsychotherapie" teilgenommen haben, gaben an, selbst psychisch krank, beziehungsweise psychisch stark belastet zu sein. Zwei der zwölf interviewten Elternteile äußerten, sich selbst in einer Psychotherapie zu befinden. Ein weiteres Elternteil möchte eine eigene ambulante Psychotherapie beginnen und wartet derzeit auf einen Therapieplatz. Im Interview benannten die belasteten Elternteile, dass sie bereits in der Schwangerschaft, beziehungsweise nach der Geburt des Kindes, über niedrigschwellige Hilfe und Unterstützung dankbar gewesen wären. Die Schilderungen zweier Mütter im Interview lassen vermuten, dass diese an einer postpartalen Depression erkrankt sind. Die Symptome einer Depression sind bis heute bei diesen Probandinnen vorhanden. Eine dieser Mütter befindet sich aufgrund einer Depression in psychotherapeutischer Behandlung. Die postpartale Depression, die mit einer Prävalenz von zehn bis zwanzig Prozent aller entbindenden Mütter auftritt, könnte frühzeitig durch MitarbeiterInnen der Familienzentren wahrgenommen werden (Hofecker Fallahpour et al., 2005). Besonders Klinische Sozialarbeiter können unter dem bio-psycho-sozialen Ansatz eine erste psychosoziale Diagnose und Intervention einleiten und - je nach Modell des Familienzentrums - weitere Hilfs- und Unterstützungsangebote unter Einbezug der Betroffenen planen, beziehungsweise an weitere Institutionen, wie spezialisierte Kliniken oder Fachberatungsstellen, wie Schwangerenberatungsstellen, überweisen und den Kontakt für die Betroffenen herstellen. Sinnvoll und wichtig wäre die regelmäßige Durchführung von Themenabenden für Eltern, in denen unterschiedliche Themen, wie zum Beispiel der Übergang zur Elternschaft und Fragen zur Entwicklung und Erziehung von Kindern, im Dialog zwischen Eltern und MitarbeiterInnen der Familienzentren thematisiert werden. In diesem Rahmen könnten sich Eltern zum einen mit anderen Eltern austauschen und ständen im direkten Dialog zu den MitarbeiterInnen der Einrichtung. Ebenfalls könnten in diesem Rahmen Themen besprochen werden, die derzeit in unserer Gesellschaft tabuisiert werden und für die Betroffenen mit einer Stigmatisierung einhergehen. Psychische Erkrankungen bei Erwachsenen und Kindern stellen ein solches Thema dar. ProbandInnen der Studie gaben an, dass sie in Bezug auf die psychischen Probleme und Verhaltensprobleme ihrer Kinder auf wenig Verständnis und Mitgefühl in ihrem sozialen Umfeld stoßen. Die Befragten äußerten, dass sie die psychische Erkrankung ihres Kindes, wenn möglich, aus Schamgefühl und aus Angst vor Ausgrenzung gegenüber anderen Menschen leugnen. Elternabende können einen Beitrag zur Enttabuisierung psychisch erkrankter Menschen leisten und für bestimmte Themen sensibilisieren. Themenabende können dann - je nach Ausgestaltung und Teilnehmern - Aspekte der primären, sekundären und tertiären Prävention umreißen. Die Durchführung solcher Abende ist im Kontext von Familienzentren besonders geeignet, da eine entsprechende Kinderbetreuung möglich und realisierbar ist. Um diese und weitere Aufgaben in den jeweiligen Familienzentren umsetzten zu können, bedarf es einem multiprofessionellem Team von zum Beispiel, SozialarbeiterInnen/ SozialpädagogInnen, ErzieherInnen, PsychologInnen sowie klinischen SozialarbeiterInnen. Die klinische Sozialarbeit könnte in diesem Rahmen die einzelnen Fähigkeiten und Fertigkeiten der unterschiedlichen Berufsgruppen im Sinne des Case-Managements bündeln, um diese im Hilfs- und Unterstützungsprozess mit dem Klientensystem nutzbar werden zu lassen.

„Merkmale klinischer Sozialarbeit sind der Lebenswelt- und Situationsbezug, die bio-psycho-soziale bzw. somato-psycho-soziale Perspektive und die besondere Berücksichtigung sogenannter 'hard-to-reach-groups' in komplexen Problemsituationen, d.h. der Bevölkerungsanteile, die durch konventionelle Beratungs- und Therapieangebote kaum bzw. nicht erreichbar sind." (Hahn & Hahn, 2012, S. 136, In Gahleitner & Hahn, 2012).

Unter dieser Perspektive kann eine umfassende, an den Bedürfnissen orientierte, Hilfe für Kinder und Eltern sowie für das gesamte Familiensystem initiiert und reflektiert werden.

Die ProbandInnen der oben genannten Studie merkten neben den mangelnden Kooperationen und Vernetzungen zwischen dem Bildungs- und Gesundheitswesen sowie zu Akteuren der Jugendhilfe eine nicht gut funktionierende Kooperation und Vernetzung zwischen einzelnen Hilfeinstanzen im Gesundheitswesen selbst an. Bei Verhaltensauffälligkeiten und/ oder psychischen Auffälligkeiten wurde in der Regel als erste Hilfeinstanz der Kinderarzt von den Eltern aufgesucht. Innerhalb der Interviews wurde deutlich, dass die von den Eltern konsultierten Kinderärzte über wenig Kooperationen und Vernetzungen zu anderen Professionellen im Gesundheitswesen, wie zu ambulanten Kinder- und JugendlichenpsychotherapeutInnen, Kinder- und Jugendpsychiater sowie zu stationären Angeboten, wie zum Beispiel der Kinder- und Jugendpsychiatrie, verfügen, beziehungsweise nicht entsprechend genutzt wurden, obwohl Kinderärzte als zentrale Schaltstelle genutzt werden können und müssen. Knopp & Ott (2002) beschreiben, dass Kinderärzte unter anderem die Aufgabe haben, unnütze Wege für Eltern und Kinder zu vermeiden und sinnvolle Maßnahmen zu koordinieren. Kooperationen und Vernetzungen sind [demnach] unabdingbar geworden, um eine angemessene Hilfe in komplexen Problemlagen initiieren zu können (Gahleitner & Homfeldt, 2013, In Fischer & Kosellek, 2013).

„Das perfekte Versorgungssystem, in dem die beteiligten Hand in Hand arbeiten, ist ein Wunschbild. Mangelnde Kooperationen zwischen Diensten, Abschiebe- und Abschottungstendenzen und Konkurrenz sind nicht ungewöhnlich. Leicht passiert es, dass eine Familie mit konkurrierenden Institutionen in eine konflikthafte Dreiecksbeziehung gerät." (Retzlaff, 2010, S. 79).

Fehlende, beziehungsweise nicht funktionierende, Kooperationen und Vernetzungen zwischen einzelnen Akteuren, wie jene im Gesundheitswesen, werden dadurch begründet, dass professionelle Netzwerkarbeit zunächst Arbeit für die Professionellen bedeutet.

„Ressourcen verschiedenster Art werden eingesetzt, die auch woanders einsetzbar oder sogar dringender notwendig gewesen wären. Ein hoher Grad an Autonomie oder ein Vertrauensvorschuss - oder eben ein geduldiger Graubereich - ist erforderlich, denn Netzwerke lassen sich nicht linear konstruieren und widersprechen damit zunächst einer einfachen administrativen Logik. [...] Der Aufwand von Nutzen kann nicht im vor hinein präzise bestimmt werden. Das macht verständlich, warum an Arbeitsplätzen, die zeitlich hoch verdichtet sind, Netzwerkarbeit auf Vorbehalte trifft." (Hosemann, 2013, S. 102f., In Fischer & Kosellek, 2013).

Die Ergebnisse und Ausführungen der Studie „Der lange Weg in die ambulante Kinder- und Jugendlichenpsychotherapie" sollen jedoch für die Notwendigkeit professioneller Kooperationen und Netzwerkarbeit sensibilisieren. Das Ergebnis, dass 83,3 Prozent der StudienteilnehmerInnen die Zusammenarbeit zwischen einzelnen Akteuren von Hilfs- und Unterstützungsangeboten im Sektor des Bildungs-, Sozial- und Gesundheitswesens als nicht vorhanden, beziehungsweise negativ, einschätzen, ist alarmierend und bedarf einer zügigen Korrektur. Fehlende Kooperationen zwischen Fachleuten der Kinder- und Jugendpsychiatrie und nieder-gelassenen Therapeuten führen zu Gefühlen von Ohnmacht und Resignation bei den betroffenen Kindern, Jugendlichen und ihren Eltern. 69,2 Prozent der Kinder/ Jugendlichen, deren Weg in die ambulante Kinder- und Jugendlichenpsychotherapie rekonstruiert wurde, war vor Aufnahme einer ambulanten Kinder- und Jugendlichenpsychotherapie stationär in einer Kinder- und Jugendpsychiatrie untergebracht. Zwischen der Entlassung aus der Kinder- und Jugendpsychiatrie und dem Beginn einer ambulanten Kinder- und Jugendlichenpsychotherapie vergingen im Durchschnitt weitere vier Wochen. Die Eltern gaben im Interview an, keine Unterstützung hinsichtlich der Gestaltung eines Übergangs vom stationären ins ambulante Therapiesetting erhalten zu haben. Mehr als zwei Drittel dieser Kinder wurde in die Kinder- und Jugendpsychiatrie in der Wartezeit auf einen ambulanten Kinder- und Jugendlichenpsychotherapieplatz aufgenommen. Die Befragten gaben an, dass die stationäre Unterbringung als Folge der langen Wartezeit auf einen ambulanten Kinder- und Jugendlichenpsychotherapieplatz gewertet werden kann. Die stationäre Unterbringung in die Kinder- und Jugendpsychiatrie erfolgte häufig als Krisenintervention durch die Eltern selbst oder durch bereits installierte Hilfen im Familiensystem. Auffällig ist, dass alle Eltern, deren Kinder stationär in der Kinder- und Jugendpsychiatrie waren, diesen Aufenthalt für unnötig werten, wenn frühzeitig ein ambulanter Therapieplatz für ihre Kinder bereitgestanden hätte. Im Sinne des auf unterschiedlichen Ebenen geforderten Grundsatzes, ambulante Hilfe vor stationärer Hilfe, gilt es hier zu bedenken und die seit langem geforderte Bedarfsplanung an

Kinder- und JugendlichenpsychotherapeutInnen in Deutschland neu zu errechnen (ptk.de, 2013). Als konkrete Empfehlung spreche ich mich für die Gründung eines Arbeitskreises zwischen MitarbeiterInnen der Kinder- und Jugendpsychiatrie und niedergelassenen Kinder- und JugendlichenpsychotherapeutInnen aus. In der StädteRegion Aachen gibt es den Aachener Verein „Psychologie und Gesundheit Aachen e.V.", der sich aus Kinder- und JugendlichenpsychotherapeutInnen und Psychologischen PsychotherapeutInnen zusammensetzt. Die Mitglieder dieses Vereins möchten sich für die Förderung psychotherapeutischer und fachpsychologischer Kompetenzen in der Gesundheitsversorgung in der StädteRegion Aachen einsetzen (psychologieundgesundheit.de, 2013). Vertreter der Kinder- und Jugendpsychiatrie könnten regelmäßig an Sitzungen des Vereins teilnehmen und dadurch einen Austausch zwischen den Bereichen Kinder- und Jugendpsychiatrie und Kinder- und Jugendlichenpsychotherapie ermöglichen. Die Geschäfte des Vereins „Psychologie und Gesundheit Aachen e.V." werden durch einen von den Mitgliedern gewählten Vorstand getätigt. Wünschenswert wäre, wenn eine feste Mitarbeiterin/ ein fester Mitarbeiter der Kinder- und Jugendpsychiatrie als Ansprechpartner und Verantwortlicher für Kooperationen zu anderen Institutionen und Einrichtungen im Sozial- und Gesundheitswesen benannt werden würde. Dieser würde dann direkter Ansprechpartner für Eltern und ihre Kinder zu Fragen des Übergangs aus zum Beispiel der Psychiatrie sein und zum anderen Ansprechpartner für Kooperationspartner wie zum Beispiel den Mitgliedern des Vereins „Psychologie und Gesundheit Aachen e.V.". Darüber hinaus sollten alle Eltern, deren Kinder in einer Kinder- und Jugendpsychiatrie, beziehungsweise in einem Sozialpädiatrischen Zentrum, vorstellig geworden sind, einen Infobrief mit Adressen von niedergelassenen Kinder- und JugendlichenpsychotherapeutInnen sowie von Einrichtungen, die Hilfs- und Unterstützungsangebote für Kinder und Familien mit psychischen Auffälligkeiten und/ oder Verhaltensproblemen anbieten, erhalten. Diese Infobriefe müssen sich natürlich auf den Sozialraum der jeweiligen Familie beziehen und die Angebote vor Ort in der Kommune aufzeigen.

5.2 Empfehlungen auf der Ebene der sozialen Gruppenarbeit

In diesem Punkt sollen Empfehlungen für die klinische Praxis ausgesprochen werden, die sich auf die Methode der sozialen Gruppenarbeit beziehen.

„Die soziale Gruppenarbeit ist eine Methode der Sozialen Arbeit, die den Einzelnen durch sinnvolle Gruppenerlebnisse hilft, ihre soziale Funktionsfähigkeit zu steigern und ihren persönlichen Problemen, ihren Gruppenproblemen oder den Problemen des öffentlichen Lebens besser gewachsen zu sein. In der Sozialen Gruppenarbeit soll dem einzelnen Menschen ermöglicht werden, mithilfe einer Gruppe seine Probleme in Bezug auf die psychosoziale Funktionsfähigkeit zu bewältigen." (Ningel, 2011, S. 265).

Die Soziale Gruppenarbeit, die im Paragraphen 29 SBG VIII festgeschrieben ist, unterteilt sich in die bildungsorientierte, die beratungsorientierte und die behandlungsorientierte Gruppenarbeit. Im Nachfolgenden werden Empfehlungen für alle Ausrichtungen sozialer Gruppenarbeit getätigt.

Im Bereich der bildungsorientierten Gruppenarbeit werden Angebote für Kinder, Jugendliche, Eltern und für die gesamte Familie angeboten. Diese finden zu unterschiedlichen Themen in der Volkshochschule, in sogenannten Elternschulen, sowie in weiteren Institutionen statt. Im Fokus dieser Gruppenarbeit steht die Vermittlung von Wissen zu bestimmten Themen. Innerhalb der Studie „Der lange Weg in die ambulante Kinder- und Jugendlichenpsychotherapie" merkten alle interviewten Eltern(-teile) an, dass von keinem, der in Anspruch genommenen Hilfs- und Unterstützungsangebote, eine Psychoedukation bezüglich der psychischen Auffälligkeiten und Verhaltensauffälligkeiten ihrer Kinder ausging. In der Regel wurde den Eltern lediglich eine Diagnose nach dem ICD-10, beziehungsweise dem DSM IV, mitgeteilt ohne diese näher zu erklären. Die meisten Eltern suchten nach Informationen im Internet oder in Elternratgebern. Innerhalb der bildungsorientierten Gruppenarbeit sollten Eltern Informationen zu zum Beispiel unterschiedlichen psychischen Störungen im Kindes-, Jugend- und Erwachsenenalter erhalten können. Erkenntnisse aus der Neurowissenschaft zeigen, dass der Mensch hauptsächlich durch Wiederholung lernt (Dudel et al., 2001). Diese Erkenntnis impliziert die Bedeutung von stattfindender und wiederholter Durchführung von Psychoedukation durch die einzelnen Hilfs- und Unterstützungsangebote, die Kinder, Jugendliche und ihre Eltern unter anderem auf dem Weg in die ambulante Kinder- und Jugendlichenpsychotherapie in Anspruch nehmen.

Ferner können Elternabende in Kindertagesstätten/ Familienzentren und in Grund- und weiterführenden Schulen ihren Beitrag dazu leisten. Für Kinder und Jugendliche werden bildungsorientierte Gruppenarbeiten, die auch einen beratungsorientierten Charakter aufweisen können, vorrangig in der Schule angeboten und durchgeführt. Hierzu zählen zum Beispiel Projektwochen. Kinder und Jugendliche erarbeiteten etwas zu einem durch die Schule vorgegebenen Thema. Wichtig und notwendig erscheint die Auseinandersetzung mit Themen, die Kinder, Jugendliche und ihr gesamtes Familiensystem betreffen. Hierzu zählt zum Beispiel - in Anbetracht der hohen Scheidungsraten in Deutschland - die Auseinandersetzung mit Themen zu Trennung und Scheidung und durch die stetige Zunahme psychisch erkrankter Menschen eine Hinwendung zu eben diesen Themengebiete.

Beratungsorientierte Gruppenarbeit wird hauptsächlich im Kontext einzelner Beratungsstellen, wie Erziehungs- und Familienberatungsstellen oder durch das Jugendamt, angeboten. Erwachsene, Kinder und Jugendliche können zu unterschiedlichen Themen eine Gruppe besuchen, als einzige Hilfs- und Unterstützungsform oder aber als Ergänzung zur Einzel- bzw. Paar- und/ oder Familienberatung. Thematisch werden zum Beispiel Gruppen für Kinder und Jugendliche zum Thema Trennung und Scheidung angeboten oder aber Gruppen zu bestimmten psychischen Problemen und/ oder Verhaltensproblemen, die Kinder/ Jugendliche aufweisen. Ein Beispiel dafür wäre ein Gruppenangebot für Kinder oder Jugendliche mit einer diagnostizierten AD(H)S. Einige Gruppenangebote mit bildungs- und/ oder beratungsorientiertem Charakter werden für Kinder und Jugendliche in sogenannten „Offenen Türen" angeboten und durchgeführt.

Neben diesen Angeboten bieten einige Kliniken mit psychiatrischer Abteilung Soziale Gruppenarbeiten für Eltern in Form eines Elterntrainings an. Diese Elterntrainings umfassen hauptsächlich, je nach inhaltlicher Ausgestaltung, bildungs- und beratungsorientierte Aspekte. Eltern(-teile), die an der Studie „Der lange Weg in die ambulante Kinder- und Jugendlichenpsychotherapie" teilgenommen haben und deren Kinder stationär in einer Kinder- und Jugendpsychiatrie untergebracht waren, gaben an, sich ohne Erfolg um die Teilnahme an einem solchen Elterntraining bemüht zu haben. Die Elterntrainings umfassten häufig eine Teilnehmerzahl von acht Eltern(-paaren) und werden dreimal pro Jahr angeboten (Görlitz, 2010). Die Eltern, die an der oben genannten Studie teilgenommen haben, konnten dieses Angebot nicht wahrnehmen, da entweder die Plätze für die soziale Gruppenarbeit bereits vergeben waren oder zum Zeitpunkt der Anfrage kein Elterntraining durchgeführt wurde.

Soziale Gruppenarbeit, die besonders Übergänge in und zwischen einzelnen Hilfs- und Unterstützungsangeboten auf dem Weg in die ambulante Kinder- und Jugendlichenpsychotherapie vorbereiten und gestalten kann, gilt es durch Professionelle der (Klinischen) Sozialen Arbeit zu fordern und entsprechend zu fördern. Gerade an der Schnittstelle der Kinder- und Jugendpsychiatrie und der ambulanten Kinder- und Jugendlichenpsychotherapie könnte die Soziale Gruppenarbeit für Entlastung und Stabilisierung ihrer TeilnehmerInnen sorgen. Die hohen Wartezeiten auf einen ambulanten Kinder- und Jugendlichenpsychotherapieplatz von durchschnittlich 4,5 Monaten in Deutschland wird von den Betroffenen, die an der Studie „Der lange Weg in die ambulante Kinder- und Jugendlichenpsychotherapie" teilgenommen haben, als belastend und perspektivlos erlebt. Hinsichtlich der Überbrückung dieser langen Wartezeiten wünschte sich die Mehrheit der Eltern für sich selbst und für ihre Kinder die Teilnahme an einer Gruppe. Angebote in psychiatrischen Kliniken konnten, wie bereits dargestellt, häufig aufgrund mangelnder Plätze oder anderen Gegebenheiten von betroffenen Eltern nicht wahrgenommen werden. Die Möglichkeit eine soziale Gruppenarbeit in einer Beratungsstelle wahrzunehmen, wurde durch die Befragten nicht genutzt. Häufig passte die thematische Ausrichtung der Sozialen Gruppenarbeit nicht oder die Befragten kannten entsprechende Angebote nicht. Die Teilnahme ihrer Kinder an einer Sozialen Gruppenarbeit, vor allem in der Wartezeit auf einen ambulanten Kinder- und Jugendlichenpsychotherapieplatz, gestaltete sich ebenfalls schwierig. In diesem Bereich wird ein Angebotsmangel bezogen auf die soziale Gruppenarbeit deutlich.

In Kliniken der Kinder- und Jugendpsychiatrie und in Praxen für Kinder- und Jugendlichenpsychotherapie werden in der Regel neben Einzeltherapie auch Soziale Gruppenarbeiten für die jeweiligen PatientInnen angeboten. Diese Sozialen Gruppenarbeiten greifen neben bildungs- und beratungsorientierten Aspekten auch behandlungsorientierte Gesichtspunkte Sozialer Gruppenarbeit auf und dienen häufig als Ergänzung zur Einzeltherapie im stationären/ ambulanten Kontext. Soziale Gruppenarbeit, die sowohl bildungs- als auch beratungs- und behandlungsorientierte Aspekte umfasst, kann als Gruppenangebot zum Beispiel eine bevorstehende ambulante Therapie vorbereiten und zu einer Entlastung und Stabilisierung für die betroffenen Kinder und Jugendlichen und gegebenenfalls für ihr Familiensystem führen. Davon abzugrenzen gilt die häufig mit der Einzeltherapie verknüpften Gruppentherapien für Kinder und Jugendliche im ambulanten Setting, die erst nach Aufnahme einer Psychotherapie sinnvoll und möglich sind. Die inhaltliche Ausgestaltung und die Zielsetzung von Gruppentherapien unterscheiden sich maßgeblich von denen der Sozialen Gruppenarbeit. Sinnvoll erscheint mir, wenn Kinder und Jugendliche, die auf einen ambulanten Kinder- und Jugendlichenpsychotherapieplatz warten, bereits an einer Sozialen Gruppenarbeit zur Überbrückung der Wartezeit teilnehmen könnten. Die Eltern(-teile), die an der Studie „Der lange Weg in die ambulante Kinder- und Jugendlichenpsychotherapie" teilgenommen haben, gaben an, im

Durchschnitt 3,76 Hilfen bis zum Beginn der ambulanten Therapie, beziehungsweise bis zur Aufnahme auf eine Warteliste, für ihr Kind, beziehungsweise für das Familiensystem, in Anspruch genommen zu haben. Häufig lehnen sie weitere Hilfen, die über die 3,76 Hilfen hinausgehen, ab, da sie auf dem Weg in die ambulante Kinder- und Jugendlichenpsychotherapie resignieren. Wichtig ist daher, Angebote für die Übergangszeit in die ambulante Kinder- und Jugendlichenpsychotherapie in der Form einer Sozialen Gruppenarbeit an die Praxen von niedergelassenen TherapeutInnen anzubinden. Die Eltern müssten dann keine weiteren Hilfs- und Unterstützungsinstanzen außerhalb der bereits kontaktierten Institutionen und Einrichtungen aufsuchen. Die inhaltliche Ausgestaltung sowie eine mögliche Durchführung einer Sozialen Gruppenarbeit auf dem Weg in die ambulante Kinder- und Jugendlichenpsychotherapie werden in Kapitel fünf umfassend dargestellt. In Kapitel sechs wird die Konzeption einer Sozialen Gruppenarbeit für Eltern in der Wartezeit auf einen ambulanten Kinder- und Jugendlichenpsychotherapieplatz vorgestellt.

5.3 Empfehlungen für die Einzel(fall)hilfe

Empfehlungen auf der Ebene der Einzel(fall)hilfe werden in diesem Unterpunkt aufgezeigt, um auch die letzte Ebene der Methodentrias der Sozialen Arbeit nicht unberücksichtigt zu lassen. Die Begriffe „Einzelfallhilfe" und „Einzelhilfe" werden in der Theorie und der Praxis der Sozialen Arbeit synonym verwendet. Ich wähle in dieser Arbeit und generell in meiner Tätigkeit als Sozialarbeiterin/Sozialpädagogin den Begriff „Einzelhilfe", da dieser meiner Haltung gegenüber KlientInnen entspricht, denn ich nehme diese als Individuum und nicht als Fall wahr.

> „Soziale Einzelfallhilfe ist dann indiziert, wenn der Betroffene Schwierigkeiten in der Beziehung zu einem oder mehreren Menschen erkennt und benennt oder sich Probleme bei der befriedigenden Erfüllung von Rollenaufgaben aufzeigen. Die Unfähigkeit, selbst mit den Problemen fertig zu werden, beruht auf dem Fehlen oder nur schwacher Ausprägung der Fähigkeit oder Motivation zur Beschäftigung mit dem Problem oder der fehlenden Möglichkeit, Lösungswege zu finden." (Ningel, 2011, S. 206).

ProbandInnen, die an der Studie „Der lange Weg in die ambulante Kinder- und Jugendlichenpsychotherapie" teilgenommen haben, gaben an, häufiger Hilfe und Unterstützung auf der Ebene der Einzelhilfe, als auf der Ebene der Sozialen

Gruppenarbeit in Anspruch genommen zu haben, da sie in der Regel nicht adäquat über Angebote im Bereich Sozialer Gruppenarbeit informiert waren. Die Befragten äußerten mehrheitlich, dass Professionelle der Einzelhilfe nicht oder unzureichend zu anderen Professionellen in der Einzelhilfe sowie zu anderen Professionellen im Sozial-, Bildungs- und Gesundheitswesen vernetzt waren, beziehungsweise Kooperationen entsprechend nutzten. Die Befragten nahmen häufig mehrere Hilfen parallel auf der Ebene der Einzelhilfe in Anspruch. Sie gaben im Interview an, dass sich die Interventionen zum Teil überschnitten und die Hilfen nicht aufeinander abgestimmt wurden. In komplexen Problemlagen sind Kooperationen jedoch unabdingbar, um eine angemessene Hilfe initiieren zu können. Aufgrund dessen ist neben der Einzelhilfe auch immer die Vernetzung zu anderen Hilfeinstanzen sinnvoll (Gahleitner & Homfeldt, 2013). Funktionierende Vernetzungen und Kooperationen zwischen einzelnen Akteuren im und zwischen dem Bildungs-, Gesundheits- und Sozialwesen hätte den Weg in die ambulante Kinder- und Jugendlichenpsychotherapie für die Betroffenen verkürzen können. Die Gewährleistung von Hilfe und Unterstützung wäre durch gelungene Kooperationen und Vernetzungen unter Umständen schneller und effizienter möglich gewesen. Stationäre Aufenthalte in der Kinder- und Jugendpsychiatrie hätten gegebenenfalls vermieden werden können.

> „[...] Sektorenübergreifende Zusammenarbeit in multiprofessionellen Teams und zwischen unterschiedlichen sozialen Diensten erfolgt in der Regel auf der Grundlage professioneller Gleichberechtigung. Sie eröffnet die Chance einer Aufhebung von Delegation und den Wegfall langwieriger Entscheidungsprozeduren und bemüht sich z.B. um die Gestaltung von Übergängen und die Bekämpfung von Schnittstellenproblemen." (Gahleitner & Homfeldt, 2013, S. 498).

Die psychischen Auffälligkeiten und Verhaltensprobleme der Kinder, deren Weg in die ambulante Kinder- und Jugendlichenpsychotherapie rekonstruiert wurde, begonnen in zehn von dreizehn Fällen vor dem Eintritt in die weiter-führende Schule[1]. Das Verhalten der Kinder wurde in allen Fällen frühzeitig durch ErzieherInnen oder andere Professionelle im Bildungs- und/ oder Sozialwesen als auffällig wahrgenommen und beschrieben. Interventionen wurden zu diesem Zeitpunkt nicht eingeleitet. Eine Überweisung zu Institutionen des Sozial- und/ oder Gesundheitswesens stellten eine Ausnahme dar.

---
[1] Vgl. Punkt 4.2.1.

Acht von zwölf befragten Eltern(-teilen) äußerten, dass die Zeit nach der Geburt ihres Kindes mit ambivalenten Gefühlen verbunden war. Die Geburt des Kindes markierte ein bedeutsames Lebensereignis im Leben der Eltern und war mit zahlreichen Veränderungen, neuen Erfahrungen und Anforderungen sowie Belastungen verbunden. „Wenn Paare Eltern werden, erweitern sich die Grenzen des Familiensystems: Aus einer intimen Zweierbeziehung (Dyade) wird ein familiäres Beziehungsdreieck (Triade)." (Jungbauer, 2009, S. 35). Der Alltag des Paares verändert sich enorm, geltende Regeln und Rollen müssen neu definiert und ausgehandelt werden. Ziel ist, ein neues familiäres Gleichgewicht, eine Homöostase, herzustellen (ebd., 2009). Die betreffenden StudienteilnehmerInnen gaben an, dass sie sich einen Ansprechpartner sowie konkrete Hilfe und Unterstützung im Alltag gewünscht hätten. Ihre Sorgen äußerten sie häufig nicht oder nur gegenüber einer vertrauten Bezugsperson. Hahn & Hahn (2012) beschreiben, dass die „[...] Übergangssituation vom Paar zur Familie [...] durch eine Reihe von typischen Kontakten (Facharzt für Gynäkologie, Facharzt für Pädiatrie, Kinderkrippe, Kindertagesstätte etc.) gekennzeichnet [ist]." (Hahn & Hahn, 2012, S. 136). Sinnvoll wäre daher die Einbindung klinischer Sozialarbeiter in eben diese Institutionen, um eine niedrigschwellige Hilfe zu ermöglichen.

> „Der Zugang ergibt sich dort 'nebenbei', der Kontaktaufbau erfolgt zunächst nicht problembasiert, sondern ergibt sich im Rahmen des Beziehungsaufbaus, z.B. zwischen Mutter und pädagogischer Fachkraft in einer Kindertagesstätte/ Krippe." (ebd., 2012, S, 136f.).

An dieser Stelle wird die Bedeutung der „frühen Hilfen" als Schnittstellenthema zwischen dem Sozial- und Gesundheitswesens deutlich. Ferner soll auf die Ausführungen in Punkt 5.1 zur Notwendigkeit zum Ausbau von Kindertagesstätten zu Familienzentren verwiesen werden.

Die Interviewten der oben genannten Studie äußerten einvernehmlich, dass sie sich auf dem Weg in die ambulante Kinder- und Jugendlichenpsychotherapie einen festen Ansprechpartner gewünscht hätten. In Krisensituationen hat sich die Mehrheit der Befragten unzureichend beraten und unterstützt gefühlt. Die Möglichkeit, Rat und Hilfe durch die Telefonseelsorge zu erhalten, wurde in keinem der zwölf erhobenen Fällen von den Betroffenen als Möglichkeit wahrgenommen und entsprechend genutzt. Dabei kann die Telefonseelsorge als Anker für Menschen, die sich in Situationen der Einsamkeit, Ausweglosigkeit und Verzweiflung befinden, charakterisiert werden (Gahleitner & Hahn, 2012). Die Telefonseelsorge ist deutschlandweit an 365 Tagen im Jahr und vierundzwanzig

Stunden am Tag erreichbar. Sie kann als eine sehr niedrigschwellige Form der Beratung und Unterstützung beschrieben werden, in der die Anonymität und Unverbindlichkeit eine große Rolle spielt. Die TeilnehmerInnen der Studie gaben an, dass sie diese Form der Hilfe genutzt hätten, wenn sie über diese entsprechend informiert gewesen wären. Das Angebot einer Online-Beratung wurde von einem Elternteil in Anspruch genommen. Die Beratung fand über Email-Verkehr statt. Diese Form der Hilfe wurde als unbefriedigend und enttäuschend beschrieben, da die Emails wenig persönlich und inhaltlich allgemein verfasst wurden. Zwischen der Anfrage und der Antwort durch eine(n) Professionelle(n) lagen vier Werktage, was vom betroffenen Elternteil als zu lange bewertet wurde. Das Anliegen des/ der Probanden/ Probandin wurde laut seiner/ ihrer Aussage wenig ernst genommen und wertgeschätzt. Der Berater sprach keine Einladung zu einem persönlichen Beratungsgespräch aus und verwies auch auf keine weiteren Hilfs- und Unterstützungsmöglichkeiten.

„Niedrigschwelligkeit wird [...] zu einem immer wichtigeren Qualitätskriterium angemessener Krisenintervention im postmodernen Alltag." (Gahleitner & Hahn, 2012, S. 86). Das Angebot von Online-Beratungen per Email und Chat sollte ausgebaut werden, um eine niedrigschwellige Hilfe anbieten zu können. Online-Beratungen können als Einstiegsangebot verstanden werden. KlientInnen können niedrigschwellig eine Beratung in Anspruch nehmen, ohne sich aus ihrer Anonymität herausbewegen zu müssen (ebd., 2012). Es findet ein erster Beziehungsaufbau zwischen BeraterIn und KlientIn statt. Die Hemmschwelle, eine persönliche Beratung in Anspruch zu nehmen, kann dadurch herabgesetzt werden.

5.4 Vernetzung aller Ebenen am Beispiel der sozialpsychiatrischen Praxen

Im Jahr 1994 wurde das Sozialpsychiatrieabkommen erstmals mit der kassenärztlichen Bundesvereinigung abgeschlossen. Sozialpsychiatrische Praxen zeichnen sich durch ein erweitertes Leistungsspektrum im Gegensatz zu reinen psychiatrischen oder psychotherapeutischen Praxen aus. Zudem findet in diesen Praxen eine Zusammenarbeit zwischen Medizinern und anderen Bezugsgruppen, wie Sozialarbeitern, Therapeuten, Lehrkräften und Ämtern statt (Fegert et al., 2012). Die Vereinbarung wurde damals lediglich zwischen der Kassenärztlichen Bundesvereinigung (KBV) und dem Verband der Ersatzkassen e.V. (VDAK) geschlossen. Dadurch bezog sich die Gültigkeit ausschließlich auf die Ersatzkrankenkassen aller Bundesländer in Deutschland. Seit dem 01. Juli 2009 besteht diese Vereinbarung ebenfalls zwischen der Kassenärztlichen Bundesvereinigung und dem Spitzen-verband der Gesetzlichen Krankenkassen und trat mit den Paragraphen 85 Abs. 2 Satz 4 und § 43 a SGB V in Kraft.

> „Die Sozialpsychiatrievereinbarung wird als Vereinbarung über Maßnahmen zur Verbesserung der sozialpsychiatrischen Versorgung von Kindern und Jugendlichen beschrieben. Die Sozialpsychiatrievereinbarung »dient der Förderung einer qualifizierten interdisziplinären sozialpsychiatrischen Behandlung von Kindern und Jugendlichen in der ambulanten vertragsärztlichen Versorgung« (§1 Abs, I der Vereinbarung)." (ebd., 2012, S. 229).

Die Sozialpsychiatrischen Praxen werden als alternative Betreuungsform zur stationären Versorgung für Patienten mit komplexen psychiatrischen und sozialpädiatrischen Problemen beschrieben und charakterisiert (Moik, 2000).

Kinder- und Jugendpsychiater, Kinderärzte, Nervenärzte und Psychiater mit einer mindestens zweijährigen Weiterbildung im Bereich der Kinder- und Jugendpsychiatrie können an der Sozialpsychiatrievereinbarung teilnehmen, sofern sie eine interdisziplinäre Zusammenarbeit medizinischer, psychologischer, pädagogischer und sozialer Dienste versichern. Das Team einer sozialpsychiatrischen Praxis benötigt mindestens eine(n) Heilpädagogen/ Heilpädagogin und eine(n) SozialarbeiterIn, die mindestens zwei eigene Arbeitsräume in der Praxis erhalten müssen. Gehören dem Team der sozial-psychiatrischen Praxis keine Psychologen, Logopäden, Ergotherapeuten oder Physiotherapeuten an, so muss eine entsprechende Kooperation zwischen den MitarbeiterInnen der Praxis und diesen Berufsgruppen erfolgen. Der Arzt hat die Pflicht, diese Kooperationen der Kassenärztlichen Vereinigung mitzuteilen und nachzuweisen. In monatlichen Abständen müssen die MitarbeiterInnen einer sozialpsychiatrischen Praxis mit den Kooperationspartnern patientenorientierte Fallbesprechungen durchführen und diese dokumentieren. Die Erbringung und Abrechnung der Leistungen bedürfen einer Genehmigung durch die Kassenärztliche Vereinigung Nordrhein (ebd., 2000).

Die Sozialpsychiatrievereinbarung hat zu einer Förderung von Kooperationen zwischen Akteuren des Gesundheits-, Sozial- und Bildungswesens geführt und sollte in den nächsten Jahren kontinuierlich ausgebaut werden, um die stetig steigenden Zahlen untersuchungs- und behandlungsbedürftiger Kinder und Jugendlicher in Deutschland qualifiziert beggenen zu können (Fegert et al., 2012; Moik, 2009). Laut NTV (2009) kündigten jedoch im Jahr 2008 zahlreiche Krankenkassen die Verträge. Moik (2009) benennt, dass eine flächendeckende Versorgung psychisch kranker Kinder und Jugendlicher nur gewährleistet werden kann, wenn sich die Anzahl an sozial-psychiatrischen Praxen verdoppelt. Ratsam wäre daher, ebenfalls den Kinder- und JugendlichenpsychotherapeutInnen die Möglichkeit zu geben, eine sozialpsychiatrische Praxis, unter versicherten Kooperationen zu Kinder- und Jugendpsychiatern und anderen Fachkräften aus dem Gesundheits-, Sozial- und Bildungswesen, zu eröffnen. Besonders, weil in einer sozialpsychiatrischen Praxis deutlich mehr PatientInnen behandelt werden können, als in einer Einzelpraxis. Greven, der Leiter einer sozialpsychiatrischen Praxis in Berlin, äußerte 2011 gegenüber dem deutschen Ärzteblatt, dass in seiner Praxis circa 1.200 bis 1.300 PatientInnen im Quartal behandelt werden. Im Vergleich dazu nannte er, dass eine Einzelpraxis maximal 150 PatientInnen im selben Zeitraum behandeln kann.

Das Konzept der sozialpsychiatrischen Praxen spiegelt den Gedanken des bio-psycho-sozialen Ansatzes und somit der Klinischen Sozialarbeit wider. Die Behandlung von Kindern und Jugendlichen mit psychiatrischer Erkrankung erfolgt auf unterschiedlichen Ebenen, multimodal und multiprofessionell. Die Zusammenarbeit unterschiedlicher Akteure des Gesundheits-, Sozial- und Bildungswesens ermöglicht eine bedarfsgerechte und klientenorientierte Hilfe und Unterstützung. Der Hilfsprozess wird transparent, indem regelmäßige Teamsitzungen und Fallbesprechungen zwischen MitarbeiterInnen der Praxis und den jeweiligen Kooperationspartnern durch die Vereinbarung verpflichtet werden. Bezogen auf die Studie „Der lange Weg in die ambulante Kinder- und Jugendlichenpsychotherapie", könnte der Weg in die ambulante Kinder- und Jugendlichenpsychotherapie durch eine flächendeckende Einrichtung sozialpsychiatrischer Praxen verkürzt werden. Die von den ProbandInnen mit ungenügend bewerteten Kooperationen und Vernetzungen zwischen Professionellen in und zwischen den unterschiedlichen Sektoren, könnte durch einen Ausbau sozial-psychiatrischer Praxen begegnet werden. Sozial-psychiatrische Praxen bieten sowohl Angebote in Form von Einzelhilfe an, als auch auf der Ebene der Sozialen Gruppenarbeit. Angebote im Gemeinwesen werden unterstützt, indem KlientInnen bei Bedarf vermittelt werden. Das in Kapitel sechs dargestellte Gruppenangebot für Kinder auf dem Weg in die ambulante Kinder- und Jugendlichenpsychotherapie könnte an sozialpsychiatrische Praxen angebunden werden. PatientInnen, die auf einen freien ambulanten Kinder- und Jugendlichenpsychotherapieplatz warten und/ oder ebenfalls auf einer Warteliste zur Aufnahme in eine sozialpsychiatrische Praxis warten, könnten dadurch eine angemessene Hilfe und Unterstützung zur Überbrückung der Wartezeit erhalten.

Das in Kapitel sieben dargestellte Gruppenangebot für Eltern, deren Kinder auf einen ambulanten Psychotherapieplatz warten, könnte ebenfalls an sozialpsychiatrische Praxen angebunden werden. (Klinische) SozialarbeiterInnen, die in den Praxen beschäftigt sind, könnten diese Gruppen anbieten, durchführen und entsprechend als Vorbereitung auf die bevorstehende Behandlung nutzen.

6 „Wegweiser- Ein sozialtherapeutisches Gruppenangebot für Kinder auf dem Weg in die ambulante Kinder- und Jugendlichenpsychotherapie"

In diesem Kapitel stelle ich die Konzeption meines eigenen Gruppenangebots für Kinder in der Wartezeit auf eine ambulante Kinder- und Jugendlichenpsychotherapie vor. Dabei wird das methodische Vorgehen bei der Konzeption und einer möglichen Durchführung dargestellt. Die einzelnen Gruppenstunden werden inhaltlich vorgestellt. Ausgewählte Methoden und Techniken innerhalb des Gruppenangebotes werden in entsprechende Theorien und Ansätze der (klinischen) Sozialen Arbeit, beziehungsweise weiteren Bezugswissenschaften, verortet.

Meine praktischen Erfahrungen aus dem Bereich der Sozialen Arbeit, speziell aus dem Handlungsfeld der Kinder-, Jugend- und Familienhilfe, sowie Erfahrungen im Bereich der ambulanten Kinder- und Jugendlichenpsychotherapie und die unter anderem von mir durchgeführte Studie mit dem Titel „Der lange Weg in die ambulante Kinder- und Jugendlichenpsychotherapie. Eine qualitative Elternbefragung" floss bei der Gestaltung und Konzeption des Gruppenangebotes ein. Besonders zu erwähnen ist, dass ich bereits ein Interventionskonzept für Kinder aus Trennungs- und Scheidungsfamilien mit dem Titel „Und was wird aus mir? Ein sozialpädagogisches Interventionskonzept für Kinder aus Trennungs- und Scheidungsfamilien" konzipiert und mehrfach im Rahmen der ambulanten Kinder- und Jugendlichenpsychotherapie, beziehungsweise als präventives Angebot in Grundschulen, durchgeführt habe. Gedanken und Inhalte, die sich in diesem Interventionskonzept als nützlich erwiesen haben, werden in der Ausgestaltung dieses Gruppenangebotes in modifizierter Weise aufgegriffen.

6.1 Persönliches Interesse und Motivation

Innerhalb der im Master „Klinisch-therapeutische Soziale Arbeit" an der Katholischen Hochschule Nordrhein-Westfalen, Abteilung Aachen durchgeführten Studie mit dem Titel „Der lange Weg in die ambulante Kinder- und Jugendlichenpsychotherapie. Eine qualitative Elternbefragung"[1] wurde eine durchschnittliche Wartezeit von 4,6 Monaten auf einen ambulanten Kinder- und Jugendlichenpsychotherapieplatz erhoben. Diese Wartezeit wurde von zwei Dritteln der befragten Eltern(-teile) für sie selbst und für ihre Kinder als belastend beschrieben. Neun von dreizehn Kindern, deren Weg in die ambulante Kinder- und Jugendlichenpsychotherapie anhand von Elterninterviews rekonstruiert wurde, befand sich vor Beginn der ambulanten Therapie stationär in der Kinder- und Jugendpsychiatrie. Sieben von diesen neun Kindern wurde während der Wartezeit auf einen ambulanten Kinder- und Jugendlichenpsychotherapieplatz stationär in die Kinder- und Jugendpsychiatrie eingewiesen. Im Interview benannten die Eltern, dass der stationäre Aufenthalt bei entsprechender professioneller Hilfe und Unterstützung unnötig gewesen wäre. Hinsichtlich der Gestaltung und Überbrückung der Wartezeit auf einen ambulanten Therapieplatz äußerten die Befragten den Wunsch eines Gruppenangebotes für ihre Kinder und für sie selbst. Diese sowie weitere Ergebnisse der Studie, die in Kapitel drei und vier bereits umfassend dargestellt wurden, führten zur Entscheidung, ein eigenes Gruppenangebot für Kinder und Eltern zu entwickeln. Nach eingehender Recherche zu bestehenden Hilfs- und Unterstützungsangeboten, vorrangig im Sozialraum Aachen, und der Formulierung von Empfehlungen für die Klinische Praxis[2], ist es mir als Sozialarbeiterin/ Sozialpädagogin B.A. und angehender klinischer Sozialarbeiterin ein Anliegen, ein Angebot zur Überbrückung der langen Wartezeiten zu entwickeln, um den Bedarf positiv zu verändern. Ich entschied mich zur Erstellung eines Gruppenangebotes für Kinder im Alter von sieben bis zwölf Jahren. Die Kinder, deren Eltern an der Studie „Der lange Weg in die ambulante Kinder- und Jugendlichenpsychotherapie" teilgenommen haben, waren zum Zeitpunkt der Erhebung zwischen sieben und fünfzehn Jahre alt. Eine Studie der Universität Göttingen (2003) ergab, dass die meisten Kinder, beziehungsweise Jugendlichen, in einer ambulanten Kinder- und Jugendlichenpsychotherapie zwischen elf und vierzehn Jahre alt sind. Diese Erkenntnisse und weitere Überlegungen führten dazu, dass ich ein Gruppenangebot für Kinder im Alter von sieben bis zwölf Jahren konzipiert habe, die sich auf dem Weg

---

[1] Vgl. Kapitel 3 und 4.
[2] Vgl. Kapitel 5.

in die ambulante Kinder- und Jugendlichenpsychotherapie befinden. Für die Altersgruppe der Dreizehn- bis Achtzehnjährigen spreche ich am Ende dieses Kapitel Empfehlungen zur Gestaltung eines Gruppenangebotes aus. Entwicklungspsychologische und gruppendynamische Aspekte lassen unter anderem die Durchführung eines Gruppenangebotes für Kinder und Jugendliche unmöglich und fachlich nicht begründbar werden.

Meine Fähigkeiten und Kompetenzen als Sozialarbeiterin/ Sozialpädagogin B.A. sollen mit meinen neu erworbenen, beziehungsweise vertieften, Kenntnissen durch die Absolvierung des Masterstudiums „Klinisch-therapeutische Soziale Arbeit" verknüpft werden und besonders in diesem als auch im nachfolgenden Kapitel deutlich werden. Aufgrund meiner Ausbildung, meiner praktischen Erfahrungen und der Zielgruppe schließt das vorliegende Gruppenangebot für Kinder auf dem Weg in die ambulante Kinder- und Jugendlichenpsychotherapie vordergründig beratungs-, und behandlungsorientierte Aspekte Sozialer Gruppenarbeit ein. Das Gruppenangebot ist sozialtherapeutisch ausgerichtet. Sozialtherapie kann verstanden werden als behandelnde Sozialarbeit. Behandelnde Sozialarbeit ist der Berufsgruppe der Klinischen Sozialarbeit zuzuordnen und findet in ihr eine angemessene Heimat (Hahn, 2003).

6.2 Darlegung des Gruppenangebots

Aus meiner Überzeugung heraus, dass ein Gruppenangebot für Kinder im Alter von sieben bis dreizehn Jahren an der Lebenswelt und dem Alltag des Kindes ansetzen und diese aufgreifen muss, entschied ich mich zum Verfassen einer Geschichte mit Stellvertreter-Figuren, die die Welt von Kindern mit psychischen Auffälligkeiten und/ oder Verhaltensproblemen darstellt.

Die Materialien des Gruppenangebotes werden nach einer übergeordneten Idee ausgewählt, um einen roten Faden in Bezug auf die Darstellung der Inhalte zu ermöglichen. Dadurch entsteht für die Gruppenmitglieder bereits durch die Auswahl und Zusammensetzung der Materialien und Techniken ein Rahmen, der einer gewissen Struktur und Kontinuität folgt. (Kikum, 2011).

Besonders nützlich erweist sich in diesem Zusammenhang die Adaption des sogenannten Scheidungsmonologs von Wallerstein und Kelly (Lemkuhl & Lemkuhl, 1997). Der Scheidungsmonolog wurde ursprünglich für die Einzelhilfe entwickelt. Diese Methode lässt sich jedoch sehr gut auf die soziale Gruppenarbeit mit Kindern mit unterschiedlichen Thematiken übertragen. Die Gruppenleiter wählen eine Geschichte aus, in der der Protagonist/ die Protagonistin und/ oder weitere Stellvertreter-Figuren ähnliche Erfahrungen, Ängste und Wünsche hegt/

hegen, wie die Kinder der Gruppe. Die GruppenteilnehmerInnen können sich dann exemplarisch mit den Themen der Hauptfigur und denen der Stellvertreter auseinandersetzen und auf ihre eigene Situation übertragen. „Selbst wenn ein Kind nie von sich selbst erzählen sollte, lernt es dennoch mit seinen Gefühlen besser umzugehen [...]." (Figdor, 1997, S. 152). Themen, die die Kinder innerhalb der Gruppe erarbeiten und reflektieren sollen, können bereits vorab durch entsprechende Stellvertreter-Figuren in die Kindergruppe eingeführt werden. Die Geschichte, die die Stellvertreter erzählen, müssen alle wichtigen Aspekte, die innerhalb des Gruppenangebotes thematisiert werden sollen, aufgreifen. Exemplarisch werden dann anhand dieser Geschichte Themen besprochen, die auf den Lebensalltag der Kinder der Gruppe übertragen werden können. Die Materialien, Methoden und Techniken des Gruppenangebotes wurden aufeinander abgestimmt sowie auf die Geschichte der vier Freunde. Dadurch ergibt sich bereits ein äußerer roter Faden, der in der inhaltlichen Ausgestaltung aufgegriffen und weitergesponnen wurde. Die zu besprechenden Inhalte werden exemplarisch, in der von mir verfassten Geschichte, eingeführt, beziehungsweise durch die Stellvertreter-Figuren vorgestellt. Dadurch werden die Inhalte kindgerecht transportiert und erleichtern eine Auseinandersetzung und Übertragung dieser Inhalte auf die eigene Geschichte der GruppenmitgliederInnen.

Die Stellvertreter-Figuren der Geschichte heißen Lisa[3], Leon[4], Tim[5] und Emma[6]. Ich wählte diese Namen, da diese in den letzten Jahren in Deutschland sehr beliebt waren (beliebte-vornamen.de, 2013). In meiner Tätigkeit als Sozialarbeiterin/ Sozialpädagogin im Rahmen der stationären Kinder- und Jugendhilfe sowie im Kontext von ambulanter Psychotherapie stellte ich fest, dass Kinder diese Namen häufig im Spiel verwendet haben. Dies trifft sowohl auf weibliche als auch auf männliche Kinder zu.

Während die Figur Lisa bereits die Protagonistin meines Interventionskonzept „Und was wird aus mir? Ein sozialpädagogisches Interventionskonzept für Kinder aus Trennungs- und Scheidungsfamilien" ist, sind die Figuren Leon, Tim und Emma von mir neu entwickelte Charaktere. Lisa führt die Thematik Trennung und Scheidung in das Gruppenangebot für Kinder auf dem Weg in die ambulante Kinder- und Jugendlichenpsychotherapie ein, da neun von zwölf Elternteilen, die an der Studie „Der lange Weg in die ambulante Kinder- und Jugendlichenpsychotherapie" teilgenommen haben, zum Zeitpunkt der Erhe-

---

[3] Siehe Anhang.
[4] Siehe Anhang.
[5] Siehe Anhang.
[6] Siehe Anhang.

bung getrennt, beziehungsweise geschieden, waren. Statistische Erhebungen des statistischen Bundesamtes ergaben, dass im Jahr 2011, 187.600 Ehen in Deutschland geschieden wurden. Davon hatten mehr als die Hälfte der Paare Kinder unter achtzehn Jahren. Im Jahr 2011 waren somit rund 148.200 minderjährige Kinder von der Scheidung der Eltern betroffen (destatis.de, 2013).

Laut der Bundespsychotherapeutenkammer stellen Angststörungen, Störungen des Sozialverhaltens sowie Depressionen die häufigsten psychischen Erkrankungen im Kindes- und Jugendalter dar (Bundespsychotherapeutenkammer, 2013). Ihle und Esser (2002) fertigten eine Übersichtsarbeit zu dem Titel „Epidemiologie psychischer Störungen im Kindes- und Jugendalter: Prävalenz, Verlauf, Komorbidität und Geschlechtsunterschiede" an, bei der die Ergebnisse der wichtigsten epidemiologischen Studien aus Nordamerika, Neuseeland und Europa einflossen. Es zeigte sich, dass die häufigste komorbide Störung im Kindes- und Jugendalter eine dissoziale Störung bei Vorliegen einer hyperkinetischen Störung ist. Zudem liegt häufig bei einer depressiven Störung eine Angststörung vor (psycontent.com, 2013). Jungen zeigten bis zum Alter von dreizehn Jahren höhere Gesamtprävalenzen psychischer Störungen als Mädchen. Diese Rate gleicht sich jedoch im Zuge der Adoleszenz aus. Während Jungen häufiger an externalisierenden Störungen erkranken, weisen Mädchen höhere Raten an Essstörungen und psychosomatischen Störungen auf. Mädchen erkranken im Jugendalter etwa doppelt so häufig an einer Depression als Jungen. Im Schulalter liegen depressive Störungen häufiger bei Jungen vor (psycontent.com, 2013). Diese Erkenntnisse flossen maßgeblich in die Ausgestaltung der Geschichte beziehungsweise der Charaktere, ein. Tim ist zehn Jahre alt und im Gegensatz zu den anderen Kindern der Geschichte ein ängstlicher Junge. Er zeigt Symptome einer depressiven Störung, wie sie für Kinder im Alter zwischen sechs und zwölf Jahren typisch sind. Dazu zählen unter anderem Konzentrations- und Gedächtnisstörungen, (Ein-) Schlafstörungen, unangemessene Schuldgefühle und unangebrachte Selbstkritik (buendnis-depression.de, 2013). Leon, der zweite Junge meiner Geschichte, ist zwölf Jahre alt und leidet an einer diagnostizierten Aufmerksamkeitsdefizit-/ Hyperaktivitätsstörung (ADHS). Voraussetzung für eine ADHS-Diagnose nach ICD-10 und DSM „[...] ist das eindeutige Vorliegen eines abnormen Ausmaßes von Unaufmerksamkeit, Überaktivität und Unruhe und ihr situationsübergreifendes und andauerndes Vorhandensein. Sie dürfen nicht durch affektive Störungen verursacht sein." (bundesaerztekammer.de, 2013). Aus dem Bereich „Unaufmerksamkeit" müssen mindestens sechs von neun aufgelisteten Symptomen im ICD-10, beziehungsweise DSM IV, vorliegen. Zudem drei von sechs Symptomen aus dem Bereich „Überaktivität" und ein

Symptom aus dem Bereich „Impulsivität". Die Symptome, die sich auf den Bereich der Impulsivität beziehen, sind dadurch charakterisierbar, indem sie nicht mit dem Entwicklungsstand des Kindes vereinbar sind und ein unangemessenes Ausmaß einnehmen. Ferner müssen die Symptome der drei Bereiche mindestens über ein halbes Kalenderjahr vorliegen und vor dem siebten Lebensjahr beginnen (www.bundesaerztekammer.de, 2013). Leon ist häufig abgelenkt und vergesslich. Ihm fällt es schwer, sich auf eine Sache zu konzentrieren, beziehungsweise den Fokus zu halten. Allgemein kann er als lauter und unruhiger Junge beschrieben werden. Er hat oft Langeweile und wechselt seine Aktivitäten häufig und sprunghaft. In der Schule wird er von Mitschülern und Mitschülerinnen als Klassenclown beschrieben. Leon fällt in der Schule häufig dadurch auf, dass er - entgegen der Regel - Antworten laut in die Klasse ruft.

Emma, die vierte und letzte Stellvertreter-Figur der Geschichte, ist neun Jahre alt, lebt in einer Patchworkfamilie und zeigt innerhalb der Geschichte psychosomatische Beschwerden. Die Entstehung psychosomatischer Störungsbilder und psychischer Störungen wird vor dem Hintergrund des bio-psycho-sozialen Modells betrachtet (Ningel, 2011). Dabei werden vor allem die Wechselwirkungen zwischen den einzelnen Ebenen betrachtet und diskutiert. Gesundheit und Krankheit werden in diesem Modell nicht als sich zwei ausschließende Zustände beschrieben, sondern vielmehr als Kontinuum. Denner (2008) benennt, dass unter anderem das individuelle Temperament eines Menschen, neurobiologische Abläufe, seine genetische Ausstattung sowie zwischenmenschliche Konflikte, psychodynamische Prozesse und familiäre Beziehungsmuster Einfluss auf die Entwicklung von psychischen und psychosomatischen Beschwerden nehmen. Zudem müssen die gesellschaftlichen Bedingungen, in denen ein Mensch lebt, berücksichtigt werden (ebd., 2008). Behrens und Bindt (2001) benennen Themen, die häufig in (direktem) Zusammenhang mit psychosomatischen Beschwerden bei Kindern und Jugendlichen stehen. Dies sind zum einen Konflikte in der Familie, wie zum Beispiel Partnerschaftskonflikte der Eltern oder eine Trennung, beziehungsweise Scheidung, der Eltern. (Lange) Trennungen von den Hauptbindungspersonen in der frühen Kindheit, Probleme im Kontext von Institutionen im Bildungswesen, wie in der Kindertagesstätte oder der Schule, psychische und/ oder physische Gewalt, somatische und/ oder psychische Erkrankung eines Elternteils sowie chronisch kranke Geschwister und/ oder überforderte Eltern (familienhandbuch.de, 2013).

In Anlehnung an die herausgearbeiteten Themen von Behrens und Bindt (2001) lebt Emma in einer Patchworkfamilie, bestehend aus ihrer leiblichen Mutter, dem Lebensgefährten ihrer Mutter und dessen zwei Söhnen. Emmas

Mutter ist häufig mit der Führung des Haushalts und der Erziehung der drei Kinder überfordert und überträgt in Folge dessen nicht altersgerechte Aufgaben auf Emma. Zudem kommt es regelmäßig zu Auseinandersetzungen zwischen Emmas Mutter und ihrem leiblichen Vater, zu dem Emma keinen Kontakt hat und zwischen dem Lebensgefährten der Mutter und dessen Exfrau. Emma zeigt vorwiegend psychosomatische Beschwerden, wenn sie in der Schule unter Leistungsdruck gerät und/ oder mit ihrer Mutter oder anderen Bezugspersonen Streit hat.

Die Stellvertretergestalten werden in der Geschichte von mir vorgestellt und auf unterschiedlichen Arbeitsblättern aufgegriffen. Diese Figuren führen durch das gesamte Gruppenangebot und dienen im Sinne der Lerntheorie als Modell für die Kinder (Gudjons, 2008). Für die Stellvertreter-Figuren der Geschichte wählte ich unterschiedliche Comicfiguren.

> „Ich entschied mich bewusst dafür, fiktive Kinder, in der Gestalt einer Comicfigur, zu verwenden, da dadurch die Stellvertreter-Figuren durch jedes reale Kind ersetzt werden könnten. Die von mir frei vorgetragene Geschichte bezieht sich dadurch nicht auf real existierende Kinder und verhilft dadurch den GruppenteilnehmerInnen bei der Übertragung der Geschichte auf ihre eigene." (Kikum, 2011, S. 71).

> „Als indirekte, analog wirkende Form der Kommunikation lösen solche Geschichten innere Suchprozesse im Kind aus und führen eine Innenwendung herbei. Durch die Aktivierung von rechtshemisphärischen Prozessen werden therapeutische Botschaften leichter angenommen." (Retzlaff, 2010, S. 227).

Diese Vorgehensweise ermöglicht eine Distanzierung zwischen den zu besprechenden Inhalten der Geschichte und den Teilnehmern der Gruppe in Bezug auf ihre eigene Biografie. Dadurch wird einer eventuellen Retraumatisierung, wie sie durch eine direkte Konfrontation über Gefühle des Kindes zwischen Gruppenleiter und Kind möglich sein könnte, vorgebeugt (Retzlaff, 2010). Die Auswahl einer Comicfigur als Protagonistin in meinem sozialpädagogischen Interventionskonzept für Kinder aus Trennungs- und Scheidungsfamilien hat sich als positiv herausgestellt. Die Kinder, die an dem Interventionskonzept teilgenommen haben, waren neugierig, etwas über die Comicfigur zu erfahren und konnten schnell die Perspektive der fiktiven Figur einnehmen. Die TeilnehmerInnen des Gruppenangebotes sollen ebenfalls die Perspektive der Comicfiguren der Geschichte einnehmen und sich empathisch in diese hineinversetzen. Die Orte, die Emotionen und Gefühle, die die Geschichte vermittelt, sollen wahrgenommen und thematisiert werden. Zur Förderung der Identifikation der Kinder mit den Stellvertreter-Figuren sollte sich die Geschichte nach Möglichkeit auf den Sozialraum der Kinder beziehen. Exemplarisch wähle ich für meine Geschichte den Sozialraum Aachen, da ich die Durchführung des Gruppenangebotes für diese Stadt vorsehe.

Die Fähigkeit des Perspektivwechsels und der Empathie sind für eine intensive Auseinandersetzung mit der Geschichte der Stellvertreter grundlegend. Daher ist eine Teilnahme am Gruppenangebot erst für Kinder ab sieben Jahren aufgrund ihrer kognitiven Entwicklung möglich.

Innerhalb der von mir verfassten Geschichte werden Methoden und Techniken der Sozialen Arbeit und aus dem therapeutischen Bereich vorgestellt und im weiteren Verlauf mit den Kindern des Gruppenangebotes durchgeführt. Dies geschieht im Sinne Frau Gahleitners, die sich für die Verbindung sozialarbeiterischer/ sozialpädagogischer Methoden und therapeutischer Interventionen im Handlungsfeld der klinischen Sozialarbeit ausspricht. Therapeutische Methoden und Techniken sollen nicht für immer eine Technik bleiben, sondern mit der Zeit in den Alltag der KlientInnen integriert und nutzbar gemacht werden. Dies entspricht dem von Frau Gahleitner geforderten Setting der Therapie plus, welches durch klinische SozialarbeiterInnen ausgeführt werden soll (eccsw.com, 2013).

6.2.1 Setting und zeitlicher Umfang

Das Gruppenangebot für Kinder auf dem Weg in die ambulante Kinder- und Jugendlichenpsychotherapie soll wöchentlich über den Zeitraum von fünf Monaten stattfinden. Damit umfasst das Gruppenangebot zwanzig Gruppensitzungen à neunzig Minuten. Das Gruppenangebot soll sich über den Zeitraum von fünf Monaten erstrecken, da es dadurch in der durchschnittlichen Wartezeit von 4,5 Monaten auf einen ambulanten Kinder- und Jugendlichenpsychotherapieplatz in Deutschland stattfinden und den Beginn der Therapie vorbereiten kann. Möglich wäre die Durchführung in den Therapieräumen einzelner Kinder- und Jugendlichenpsychotherapeuten, sozialpsychiatrischer Praxen oder aber in den Räumlichkeiten von Beratungsstellen, beziehungsweise des Jugendamtes. Die Umsetzung des Gruppenangebotes halte ich in den Räumlichkeiten von niedergelassenen Kinder- und JugendpsychotherapeutInnen und sozialpsychiatrischer Praxen für besonders geeignet. MitarbeiterInnen der sozialpsychiatrischen Praxen können die Soziale Gruppenarbeit anbieten und durchführen. Kinder- und

JugendlichenpsychotherapeutInnen können Eltern, die auf einen Therapieplatz warten, auf das Angebot der Sozialen Gruppenarbeit aufmerksam machen und gegebenenfalls den Kontakt herstellen. Darüber hinaus wäre ein Austausch, nach entsprechender Schweigepflichtentbindung durch die Eltern, zwischen Gruppenleitung und TherapeutIn möglich und sinnvoll. Die Zusammenarbeit zwischen Kinder- und Jugendlichenpsychotherapeuten und der Gruppenleitung des Gruppenangebotes ist natürlich auch dann möglich und sinnvoll, wenn das Angebot nicht an eine Kinder- und Jugendlichenpsychotherapiepraxis angebunden ist. In diesem Fall bedarf es aber entsprechenden Kooperationen und Vernetzungen, die leider häufig nicht oder nur unzureichend zwischen einzelnen Akteuren im Hilfs- und Unterstützungsprozess verläuft.[7]

6.2.2 Zielgruppe und Zusammensetzung

Das Gruppenangebot richtet sich an Kinder im Alter von sieben bis zwölf Jahren. Es wird eine Gruppenstärke von bis zu acht Kindern pro Gruppe empfohlen. Dabei sollte - wenn möglich - eine Ausgewogenheit der Geschlechter angestrebt werden sowie die Aufnahme von Kindern unterschiedlicher Verhaltensauffälligkeiten, beziehungsweise psychischer Störungen, um die Identifikation mit den einzelnen Stellvertreter-Figuren zu unterstützen.

Eine Gruppenstärke von bis zu acht Kindern ermöglicht eine intensive Auseinandersetzung mit Themen und Fragestellungen, die sich aus den Verhaltensauffälligkeiten/ psychischen Störungen und der Wartezeit auf einen ambulanten Kinder- und Jugendlichenpsychotherapieplatz ergeben. Die Gruppenleitung kann bei einer Gruppenstärke von bis zu acht Kindern auf die Bedürfnisse und Wünsche jedes Kindes eingehen und diese zu befriedigen versuchen. Dies wäre bei einer größeren Gruppe nicht oder nur begrenzt möglich.

6.2.3 Zielsetzung

Das Gruppenangebot für Kinder in der Wartezeit auf einen ambulanten Kinder- und Jugendlichenpsychotherapieplatz soll auf der einen Seite zu einer Entlastung und Stabilisierung der Betroffenen führen, um unter anderem eine stationäre Unterbringung in einer Kinder- und Jugendpsychiatrie in der Wartezeit auf einen ambulanten Kinder- und Jugendlichenpsychotherapieplatz zu verhindern und auf der anderen Seite bereits den Beginn einer ambulanten Kinder- und Jugendlichenpsychotherapie vorzubereiten.

---

[7]Vgl. Punkt 4.2.2 und Kapitel 5.

Zwei Drittel der Eltern, die an der Studie „Der lange Weg in die ambulante Kinder- und Jugendlichenpsychotherapie" teilgenommen haben, empfanden/ empfinden die Wartezeit als belastend und perspektivlos. Häufig wurden Wünsche hinsichtlich der Gestaltung der Wartezeit durch die Eltern geäußert. Sie wünschen sich häufig ein Gruppenangebot für ihre Kinder, um die Wartezeit auf einen ambulanten Therapieplatz zu überbrücken. Inhaltlich merkten viele ProbandInnen an, dass diese Gruppe als Erfahrungsraum dienen solle. Des Weiteren vermuten die Eltern, dass eine kindgerechte Psychoedukation zu einer Entlastung und Stabilisierung des Kindes und dadurch des Familiensystems führen könnte.

Daraus ergeben sich thematische Schwerpunkte innerhalb des Gruppenangebots, die im Weiteren beschrieben werden und den „Vier-Wegen der Heilung und Förderung" zugeordnet werden können. Das Konzept der „Vier-Wege der Heilung und Förderung" wurde in der Integrativen Therapie entwickelt (Petzold et al., 2007). Die einzelnen Wege sollen in der therapeutischen Arbeit betrachtet und bearbeitet werden. Dabei müssen die vier Wege nicht zwingend in ihrer Reihenfolge eingehalten werden, sondern im Prozess mit dem Klienten eingebunden werden.

Der erste Weg lautet Bewusstseinsarbeit und Sinnfindung, der zweite Weg Nachsozialisation von Grundvertrauen, der dritte Weg wird als Erlebnisaktivierung und Persönlichkeitsentfaltung beschrieben und der letzte Weg soll Solidaritätserfahrung ermöglichen (ebd., 2007).

Die GruppenteilnehmerInnen sollen die Gruppe als Lern- und Erfahrungsraum kennen und nutzen lernen. In diesem Raum werden dann Solidaritätserfahrungen, wie sie im vierten Weg gefordert werden, möglich. Die ProbandInnen der Studie „Der lange Weg in die ambulante Kinder- und Jugendlichenpsychotherapie" benannten häufig Schwierigkeiten im Kontext Schule. Psychische Auffälligkeiten und/ oder Verhaltensprobleme zeigten sich vielfach erstmals in Bildungseinrichtungen, wie Kindertagesstätten, Grund- und weiterführenden Schulen. Ausflüge und gemeinsame Aktivitäten sollen die Gruppenkohäsion fördern und eine neue, vermutlich positivere, Erfahrung in und mit Gruppen ermöglichen. „Die [...] Gruppe kann ein Spiegel für die mehr oder weniger bewussten Verhaltensmuster, ein Begegnungs- und Experimentierraum sein." (Knopp & Ott, 2002, S. 164). Die Kinder der Gruppe werden aufgrund der Geschichte und der Teilnahme an der Gruppe verstehen, dass auch andere Kinder von psychischen Auffälligkeiten und/ oder Verhaltensauffälligkeiten betroffen sind und zum Beispiel im Kontext Schule Probleme aufweisen.

Die von mir geschriebene Geschichte soll Themen und Fragstellungen, die sich aus der Wartezeit und aus den psychischen Problemen, beziehungsweise Verhaltensproblemen, der Kinder ergeben, aufgreifen, um eine Übertragung auf die jeweilige Lebenssituation der GruppenteilnehmerInnen zu ermöglichen. Die Kinder sollen über das Medium der Geschichte ihre eigenen Erfahrungen einbringen und mögliche Handlungsalternativen für die Stellvertreter-Figuren und sich selbst erarbeiten. Zudem können die Kinder „[...] Fragen stellen, die sie nicht stellen würden, wenn die Geschichte von der eigenen Person handeln würde." (Retzlaff, 2010, S. 227). Die Auseinandersetzung mit eigenen Gefühlen und das empathische Einfühlen in die Gemütslage anderer durch die Fähigkeit des Perspektivwechsels ist zentral und soll entsprechend gefördert werden. Dies geschieht auf unterschiedlichen Ebenen und durch den Einsatz verschiedener Materialien und Techniken durch die Gruppenleitung. Die Kinder, die am Gruppenangebot teilnehmen, lernen die Gefühle Lisas, Emmas, Tims und Leons sowie der Katze „Matze" kennen. Die Figuren der Geschichte werden auf unterschiedlichen Arbeitsblättern aufgegriffen und dadurch immer wieder in der Gruppe thematisiert. Die Kinder können zum Beispiel ein Gefühls-Memory mit Bildern der Katze „Matze" spielen.[8] Einzelne Gefühle sollen von den Kindern pantomimisch dargestellt werden. Sie müssen sich dann empathisch in das jeweilige Gefühl hineinversetzen und dieses deuten lernen. Ein Perspektiv-wechsel von den eigenen Gefühlen zu den Gefühlen anderer wird dabei geschult. Emma stellt innerhalb der Geschichte ihre „Dino-Gefühlsuhr"[9] vor. Die Kinder basteln ebenfalls - wie Emma in der Geschichte - eine Gefühlsuhr und stellen im Anschluss unterschiedliche Gefühle auf ihrer Uhr ein. Dass jeder Mensch Gefühle selbstreferentiell und unterschiedlich wahrnimmt und diese daher subjektiv sind, soll den Kindern verdeutlicht werden. Die Verbalisierung von Gefühlen wird anhand der Gefühlsuhr einfacher und plastisch dargestellt und durch die intensive Auseinandersetzung in ihrer Bedeutung betont. Die Gefühlsuhr ermöglicht den Kindern das Zuordnen von zwei Gefühlen, beziehungsweise „Mischgefühlen". Dies ist besonders hilfreich in Situationen, in denen es schwer fällt, zu beschreiben, welches Gefühl man aktuell empfindet und sich auf ein einzelnes festzulegen und/ oder das außenstehenden Menschen, wie den Bezugspersonen, mitzuteilen. Die Kinder erhalten durch die Gefühlsuhr ein Medium, das ihnen hilft, Gefühle für andere Menschen zugänglich zu machen. Die Auseinandersetzung mit Gefühlen und Emotionen und die gerade beschrieben Methoden und Techniken können dem dritten Weg, Erlebnisaktivierung und Persönlichkeitsentfaltung, zugeordnet werden. Die Gruppe kann durch unterschiedliche

---

[8] Siehe Anhang.
[9] Siehe Anhang.

Übungen und Erlebnisse persönliche und gemeinschaftliche Ressourcen entdecken. Dadurch werden neue Beziehungs- und Erfahrungsmöglichkeiten in der Gruppe möglich. Neben der Auseinandersetzung mit Gefühlen geht es um das Entwickeln von Coping-Strategien. Die Stellvertreter-Figuren der Geschichte zeigen unterschiedliche Handlungsalternativen und Lösungsideen. Die Kinder des Gruppenangebots sollen ebenfalls Handlungsalternativen für die Figuren der Geschichte und im weiteren Sinne für sich selbst erarbeiten. Lösungen sollen in der Gruppe erarbeitet und reflektiert werden. Dazu werden die TeilnehmerInnen an unterschiedlichen Stellen der Geschichte und des Gruppenangebots aufgefordert, die Geschichte weiterzuerzählen, beziehungsweise alternative Verläufe zu entwickeln. Diese sollen aufgrund des Alters der Kinder vorrangig zeichnerisch umgesetzt oder mündlich vorgetragen werden.

„Gestalterische Techniken vermitteln künstlerische Einblicke, wie das Kind seine Welt erlebt, und eröffnen eine analoge, emotionsreichere Ebene der Kommunikation als Mittel für den Ausdruck von Erfahrungen, Emotionen und Erlebnissen. [...] Zeichnungen und Gestaltungen sind eine wichtige ergänzende Meta-Botschaft zu verbalen Mitteilungen und zum Verhalten des Kindes." (Retzlaff, 2010, S. 257).

Darüber hinaus soll mein erarbeitetes Gruppenangebot ressourcen- und lösungsorientiert sein. Lisa, Emma, Tim und Leon sollen als Individuum innerhalb der Geschichte wahrgenommen und zugleich in ihrem sozialen Netzwerk betrachtet werden. Diese systemische Herangehensweise unter Verwendung einer Netzwerk- und Ressourcenkarte ermöglicht einen sehr differenzierten und ressourcenorientierten Blick auf die Kinder und ihr familiäres System. Lisa stellt in der Geschichte ihre Netzwerkkarte[10] vor. Die Kinder der Gruppe werden ebenfalls unter Anleitung eine eigene Netzwerkkarte basteln. Zudem können sie eine eigene Ressourcenkarte anfertigen, indem sie positive Eigenschaften und Fähigkeiten verschriftlichen, beziehungsweise auf ein Blatt aufzeichnen. Exemplarisch wird Emmas Ressourcenkarte[11] in der Geschichte vorgestellt und im Anschluss in der Gruppe betrachtet. Dies entspricht der Haltung und Vorgehensweise von Sozialtherapie.

„Sozialtherapie [...] verfügt über einen spezifischen handlungswissenschaftlichen Ansatz, welcher sich am deutlichsten in der

---

[10] Siehe Anhang.
[11] Siehe Anhang.

Fallkonstruktion ausdrückt: Gegenstand der Intervention ist nicht nur der Klient, sondern berücksichtigt wird das gesamte System, in dem ein Mensch erkrankt ist und das System, das ihm hilft, gesund- oder wenigstens: weniger krank- zu werden. (person-in-environment)." (Hahn, 2003, S. 2).

Dieses Vorgehen ermöglicht einen positiven Zugang zu jedem Kind und stärkt seinen Selbstwert, der in der Regel durch die psychischen- und/ oder Verhaltensprobleme eingeschränkt ist. Darüber hinaus machen die Kinder die Erfahrung, etwas selbstständig zu gestalten und zu erarbeiten. „Bilder und Gestaltungen machen das Erlebte handhabbar und verbessern das Gefühl von Selbstkompetenz." (Retzlaff, 2010, S. 258). Die Erfahrung der Selbstwirksamkeit verhilft ebenfalls zu einer Steigerung des Selbstwertgefühls. Die Kinder können sich schließlich als Urheber erfahren, was sich ebenfalls positiv auf ihr Selbstempfinden auswirkt (Gerspach, 2009). Ihre Ressourcen sollen in der Gruppe entdeckt, gestärkt und genährt werden, um das eigene Selbsterleben und den eigenen Selbstwert zu stärken. Diese Inhalte können besonders dem ersten Weg der Heilung und Förderung zugeordnet werden. Im ersten Weg geht es um Sinnfindung und Bewusstseinsarbeit. Dieser Weg kann erst nach dem Aufbau einer tragfähigen Beziehung zwischen der Gruppenleitung und den Gruppenmitgliedern sowie den Gruppenmitgliedern untereinander erfolgen. Eine altersentsprechende Psychoedukation, wie durch die ProbandInnen der Studie „Der lange Weg in die ambulante Kinder- und Jugendlichenpsychotherapie" gefordert wurde, soll ebenfalls in diesem Weg stattfinden. Nach entsprechendem Beziehungsaufbau ist auch der zweite Weg, Nachsozialisation von Grundvertrauen, möglich. Die Gruppenleiter können als positives Elternmodell und im Sinne Winnicotts als „good enough mother" für die Kinder der Gruppe fungierten (Winnicott, 2010). Dadurch werden unter anderem neue - und gegebenenfalls korrigierende – Beziehungserfahrungen möglich.

6.2.4 Kompetenzen der Gruppenleitung

Für die Gruppenleitung des Gruppenangebots „Wegweiser- Ein sozialtherapeutisches Gruppenangebot für Kinder auf dem Weg in die ambulante Kinder- und Jungendlichenpsychotherapie"[12] halte ich ein gemischt-geschlechtliches Gruppenleiterpaar für sinnvoll, da dieses dann als positives Elternmodell für

---

[12] Der Titel des Gruppenangebots wird auf Grund der besseren Lesbarkeit im Folgenden mit „Wegweiser" abgekürzt.

die Kinder des Gruppenangebotes fungieren kann. Zudem verhilft ein gemischtgeschlechtliches Gruppenleiterpaar den Kindern bei der Auseinandersetzung und Identifikation mit dem weiblichen und männlichen Geschlecht sowie den daran geknüpften Rollen(-erwartungen). Die Gruppenleitung benötigt neben den Kenntnissen, die zur Ausübung des Berufes des Sozialarbeiter/ Sozialpädagogen, beziehungsweise der Sozialarbeiterin/ Sozialpädagogin, berechtigen, fundierte Kenntnisse und Qualitäten aus dem klinisch- therapeutischen Bereich, um eine Soziale Gruppenarbeit für Kinder mit psychischen- und/ oder Verhaltensauffälligkeiten durchführen zu können sowie vertieftem Wissen über Gruppenprozesse und –dynamiken. Ferner benötigt die Leitung ein umfassendes theoretisches und praktisches Wissen im Bereich der Kommunikation und der professionellen Beziehungsgestaltung, speziell mit Kindern.

Die Methode der Sozialen Gruppenarbeit nach §29 Sozialgesetzbuch kann als Grundlage und Legitimation für die Konzipierung und Durchführung eines Angebotes, wie in diesem und im nachfolgenden Kapitel beschrieben, benannt werden. Das Developmental Model und die Themenzentrierte Interaktion werden in der Fachliteratur als „Integrationsmodelle" der Sozialen Gruppenarbeit charakterisiert und dienen demnach ebenfalls als Grundlage für die Arbeit mit KlientInnen in Gruppen. Ferner muss das Konzept des Empowerments sowie die Systemtheorie Berücksichtigung finden. Das Zitat von A. Lincoln, „Man hilft den Menschen nicht, wenn man für sie tut, was sie selbst tun können", beschreibt den Gedanken des Empowerments sehr passend (Lincoln, 2006, zitiert nach Herriger, 2006, S. 7).

> „Das Empowerment-Konzept richtet den Blick auf die Selbstgestaltungskräfte der Adressaten sozialer Arbeit und auf die Ressourcen, die sie produktiv zur Veränderung von belastenden Lebensumständen einzusetzen vermögen. (...) deren Ziel es ist, die Menschen zur Entdeckung ihrer eigenen (vielfach verschütteten) Stärken zu ermutigen, ihre Fähigkeiten zu Selbstbestimmung und Selbstveränderung zu stärken und sie bei der Suche nach Lebensräumen und Lebenszukünften zu unterstützen, die einen Zugewinn von Autonomie, sozialer Teilhabe und eigenbestimmter Lebensregie versprechen." (Herriger, 2006, S. 7).

Das Zitat von Herriger (2006) entspricht damit dem Grundgedanken (klinischer) Sozialarbeit und kann als grundlegend für die Ausgestaltung einer professionellen Helferbeziehung verstanden werden. Daraus lässt sich die Rolle eines Gruppenleiters ableiten, der im Sinne einer „Hilfe zur Selbsthilfe" anleiten und begleiten soll. Zu beachten gilt, dass sich die Rolle eines Gruppenleiters innerhalb einer Sozialen Gruppenarbeit verändern kann. Nach entsprechendem Beziehungsaufbau kann die Gruppe die Gesprächsführung, die in der Regel zu Beginn bei der Leitung liegt, übernehmen. Voraussetzung dafür ist eine am gemeinsamen Dialog gekennzeichnete Arbeitsweise zwischen Gruppenleitung und TeilnehmerInnen.

Übergeordnet muss sich ein(e) GruppenleiterIn mit Fragen von Nähe und Distanz, dem Konzept der Übertragung- und Gegenübertragung und eigenen Ressourcen und Entwicklungsaufgaben auseinandersetzen sowie mit Fragen, die sich aus der Arbeit mit der jeweiligen Zielgruppe ergeben. Im Kontext des Gruppenangebots „Wegweiser", bedeutet dies, sich mit Fragen im Kontext der Kinder- und Jugendpsychiatrie und Psychotherapie auseinander zu setzen sowie der Frage der Medikamentengabe bei zum Beispiel Kindern und Jugendlichen mit einer AD(H)S Diagnose.

Zur Durchführung der in diesem Kapitel vorgestellten Sozialen Gruppenarbeit benötigt die Gruppenleitung fundierte Kenntnisse aus dem klinischen und therapeutischen Bereich. Sie muss über umfangreiche diagnostische Kenntnisse verfügen sowie über spezialisierte Methodenkompetenz. Wissen aus dem Bereich der Psychoanalyse, der Integrativen Therapie, der Verhaltenstherapie und der Systemik gilt es zu bündeln und für die Arbeit mit Kindern mit psychischen - und/ oder Verhaltensauffälligkeiten zu nutzen. Ausgehend von einem bio-psycho-sozialen Ansatz wird der Mensch in seiner Umwelt (person-in-environment) wahrgenommen. Krankheit und Gesundheit werden als Kontinuum betrachtet und nicht als sich ausschließende Pole. Interventionen werden daher immer unter Berücksichtigung der einzelnen Ebenen (bio-psycho-sozial) durchgeführt und vor diesem Hintergrund reflektiert. Daraus ergibt sich ein wachstumsorientiertes Menschenbild, welches V. Satir prägte.

Abschließend muss betont werden, dass neben den gerade genannten Kriterien zur Ausübung einer Sozialen Gruppenarbeit, das Handeln eines (klinischen) Sozialarbeiters immer vom Leitbild, den Anforderungen und Erwartungen der Institution, in der er tätig ist, geprägt wird sowie durch gesamtgesellschaftliche Strukturen und der Rechtssprechung des Landes (Kikum, 2011).

6.2.5 Methodisches Vorgehen bei der Konzeption des Gruppenangebots

In diesem Unterpunkt stelle ich das methodische Vorgehen bei der Konzeption des Gruppenangebotes „Wegweiser" dar. Zu beachten gilt, dass von einem weiten, beziehungsweise integrativen, Methodenverständnis ausgegangen wird (Galuske, 2010).

Aus meiner Überzeugung heraus, dass Konzepte sozialer Gruppenarbeit an der Lebenswelt der Zielgruppe ansetzen und diese aufgreifen müssen, entschied ich mich, ein Gruppenangebot für Kinder, ausgehend vom person-in-environment Ansatz und der lebensweltorientierten Sozialen Arbeit nach H. Thiersch, für Kinder im Alter von sieben bis etwa dreizehn Jahren zu gestalten, das den Alltag und die Lebenswelt der Kinder aufgreift und zu verstehen versucht (Ningel, 2011).

Das Gruppentraining beginnt nach der Begrüßung durch die Gruppenleitung sowie einer kurzen Einführung mit der Vorstellung der ersten beiden Charaktere, der von mir verfassten Geschichte.

> „Bevor eine Geschichte entwickelt wird, sammle ich Informationen über die Interessen des Kindes, seine Lieblingshelden, das Lieblingstier, Orte, die besonders gemocht werden, und persönliche Vorlieben und Abneigungen, um seine Sichtweise gut einschätzen zu können. Danach wird eine Geschichte konzipiert, die analog zum Problem des Kindes aufgebaut ist." (Retzlaff, 2010, S. 234).

Bei der Durchführung der Interviews innerhalb der Studie „Der lange Weg in die ambulante Kinder- und Jugendlichenpsychotherapie" wurden die interviewten Eltern(-teile) nach den Interessen und Vorlieben ihrer Kinder befragt. Dabei wurde deutlich, dass Kinder ähnlichen Alters auch ähnliche Hobbys haben und sich für verwandte Themen interessieren. Die Antworten der Eltern waren deckungsgleich mit meinen Erfahrungen und Einschätzungen, die ich in der Kinder- und Jugendhilfe sowie im Rahmen der ambulanten Kinder- und Jugendlichenpsychotherapie in Bezug auf Interessen und Neigungen von Kindern im Alter von sieben bis circa dreizehn Jahren sammeln konnte. Als Ritual wird zu Beginn einer jeden Gruppensitzung die Geschichte weiter vorgelesen und als thematischen Einstieg in die Stunde genutzt.

Bei der Konzeption und Durchführung des Gruppenangebotes greife ich auf die Methode der Sozialen Gruppenarbeit zurück. Die Soziale Gruppenarbeit umfasst eine Vielzahl verschiedener Konzepte und Ansätze, die sich grob in drei unterschiedliche Ausrichtungen Sozialer Arbeit mit Gruppen unterteilen lässt. Dies ist zum einen die bildungsorientierte Gruppenarbeit, die beratungsorientierte Gruppenarbeit sowie letztlich die behandlungsorientierte Gruppenarbeit.[13]

---

[13] Vgl. Kapitel 5.2.

Aufgrund der Thematik und der Zielgruppe des Gruppenangebotes sowie meiner Ausbildung entschied ich mich dazu, ein Gruppentraining zu konzipieren, das an der Schnittstelle einer beratungs-orientierten, beziehungsweise behandlungs-orientierten, Gruppenarbeit verortet werden kann. Die Gruppenleitung soll als Ansprechpartner und nach einem gelungenen Beziehungsaufbau als Bezugsperson für die Kinder der Gruppe dienen. Thematisch soll das Gruppenangebot den Übergang in die ambulante Kinder- und Jugendlichenpsychotherapie vorbereiten, indem wichtige Themen und Fragestellungen besprochen werden und eine Entlastung und Stabilisierung der Kinder angestrebt wird. Das Gruppenangebot schließt somit beratungs und behandlungsorientierte Aspekte ein und spiegelt meine beiden Berufsidentitäten als Sozialarbeiterin/ Sozialpädagogin B.A. und baldige klinische Sozialarbeiterin wider. Anhand der von mir verfassten Geschichte werden unterschiedliche Verhaltensauffälligkeiten und Symptome unterschiedlicher psychischer Störungen vorgestellt und exemplarisch besprochen. Den Kindern der Gruppe werden Methoden und Techniken, die ich in meinem Studium der Sozialen Arbeit kennengelernt und in der Praxis Sozialer Arbeit erprobt habe, vorgestellt. Des Weiteren werden Methoden und Techniken aus dem Kontext der Kinder- und Jugendlichenpsychotherapie unterschiedliche Verfahren eingeführt. Dazu zählt zum Beispiel die Methode der Comic-Therapie[14], welche durch die Figur des Tims eingeführt und im Anschluss mit den Kindern der Gruppe durchgeführt wird. Die Kinder werden zudem ihren eigenen „inneren-sicheren-Ort" zeichnerisch gestalten, um diesen unter anderem als Entspannungstechnik nutzen zu können. Entspannungstechniken stärken die Fähigkeit zur Selbstregulation und damit das Selbstvertrauen und das Selbstwirksamkeitsgefühl (Retzlaff, 2010; Steiner & Berg, 2011).

Neben der Auswahl der Methode stellt die Auswahl der Techniken und weiterer fachtheoretischer Kenntnisse die Basis für die Konzipierung eines Gruppenangebotes dar, die ich im Weiteren beschreiben werde.

Zielgruppe des Gruppenangebotes „Wegweiser" sind Mädchen und Jungen im Alter von sieben bis etwa dreizehn Jahren. Vermutlich werden die Gruppenmitglieder unterschiedliche kulturelle Hintergründe aufweisen. Kulturelle Aspekte spielen innerhalb des Gruppenangebotes eine untergeordnete Rolle und werden deshalb nicht explizit herausgearbeitet. Die Gruppenleitung muss dies jedoch im Sinne des bio-psycho-sozialen Ansatzes bedenken und gegebenenfalls darauf reagieren (Ningel, 2011). Die Gruppenmitglieder befinden sich nach Delfos (2004) im sogenannten „Scharnieralter". Jean Piaget beschreibt,

---

[14]Siehe Anhang.

dass sich das Leben des Kindes in diesem Alter drastisch verändert, da das Kind in dieser Periode eine tiefere Einsicht in das Verstehen bekommt (Oerter & Montada, 2008). Durch das Erlernen des Lesens und Schreibens betritt das Kind zunehmend die Welt der Erwachsenen. Wie generell in der Arbeit mit Kindern muss die Gruppenleitung beachten, dass Kinder dieses Alters mehr oder weniger empfänglich für Suggestivfragen sind. Kinder im Alter von sieben Jahren besitzen die Fähigkeit grobe Linien einer Geschichte wiederzugeben, ohne zu sehr von Fragen der Erwachsenen und somit der Gruppenleitung beeinflusst zu werden. Elbers und Ter Laak (1989) merken an, dass Kinder im Alter von sieben Jahren auf der einen Seite auf Fragen nach Details und Einzelheiten empfänglich für Suggestivfragen Erwachsener sind und auf der anderen Seite wenig empfänglich für Suggestivfragen sind, die auf belastende Ereignisse Bezug nehmen (Kikum, 2011). Die Auswahl und Formulierung zu stellender Fragen im Gruppenangebot „Wegweiser" muss durch die Gruppenleitung Beachtung finden. Direkte, offene Fragen erweisen sich als besonders geeignet (Retzlaff, 2010).

Aufgrund des Alters der Zielgruppe sollten die zu übermittelnden Inhalte nicht nur per digitaler und analoger Kommunikation, also durch Sprache sowie Mimik und Gestik, übermittelt werden, sondern sich weiterer Media bedienen, die nach Möglichkeit viele Sinnesmodalitäten ansprechen (Kikum, 2011; Retzlaff, 2010; Weinberger, 2007). Die Kinder des Gruppenangebotes werden daher kreative und erlebnisaktivierende Aktivitäten und Aufgaben ausführen dürfen. Die Geschichte, auf der das Gruppenangebot aufbaut, wird digital und analog übermittelt. Die Kinder werden häufig dazu aufgefordert, die Inhalte der Geschichte zeichnerisch umzusetzen. „Kinderzeichnungen helfen dem Kind bei der Externalisierung von Gefühlen, Problemen und schwer fassbaren Konflikten und Krankheiten." (Retzlaff, 2010, S. 257).

An einigen Stellen sollen die GruppenteilnehmerInnen alternative Dialoge für die vier Freunde der Geschichte mündlich oder zeichnerisch konstruieren. Dieses Vorgehen soll die Phantasie der Kinder anregen, neue Handlungsmöglichkeiten deutlich werden lassen und neben der auditiven auch die visuelle Wahrnehmung durch das Betrachten der unterschiedlichen Bilder der Kinder ermöglichen.

Des Weiteren können viele Materialien, die in der Geschichte vorgestellt werden, wie die Gefühlsuhr, die Mut- und Sorgenpuppen oder die Netzwerkkarte, taktil erfasst werden. Dies ermöglicht ein „Lernen" und das Sammeln von Erfahrungen auf verschiedenen Ebenen unter Aktivierung verschiedener Sinnesmodalitäten (Kikum, 2011). Ergänzend dazu ist das Medium des „Spielens" für das Explorationsverhalten, aber auch für die Verarbeitung des real Erlebten, wichtig, und wurde zum festen Bestandteil des Gruppenangebotes.

> „Spielen ist eine Form des emotionalen Austausches, bei dem neue Regeln des Handelns entwickelt und neue Seiten der eigenen Person entdeckt werden. Spielen kann als Explorationsverhalten verstanden werden, als Ausdruck von inneren Konflikten und emotionalen Prozessen, als inhärente Neugierde, als Form des kindlichen Lernens, als Aneignung von Wirklichkeit oder als Selbstheilungsversuch." (Retzlaff, 2010, S. 30).

Daher erproben die Kinder spielerisch neue Handlungsmöglichkeiten und Ideen. Zum einen in vorgegebenen Rollenspielen, aber auch in freien Spielen, mit dem Ziel, neue Erfahrungen machen zu können und „[...] verzerrte und verleugnete Erfahrungen korrigieren zu können. Dies geschieht in erster Linie durch spielerisches Handeln in einer emotional korrigierenden Beziehungserfahrung." (Weinberger, 2007, S. 30).

Neben dem Medium des „Spiels" stellt das Medium des „Malens" ein weiteres und bedeutendes Medium in der Arbeit mit Kindern dar. Das Malen dient der Verarbeitung von Ereignissen, aber auch der Externalisierung von Gefühlen, und wird daher im Gruppenangebot eingebunden. Die Gruppenleitung erhält über das Medium des „Malens" einen guten und vor allem leichten Zugang zum Kind, da das Medium des „Malens" den Kindern vertraut ist (Retzlaff, 2010; Steiner & Berg, 2011; Weinberger, 2007).

Anhänger der nondirektiven Spieltherapie kritisieren den Einsatz von Geschichten, da sie befürchten, dass der freie Ausdruck und die Fantasiefähigkeit des Kindes zu sehr beeinflusst werden (Axline, 2002; Retzlaff, 2010). Aufgrund dessen wird die Geschichte der vier Freunde nur mündlich durch die Gruppenleitung vorgetragen und nicht schriftlich an die GruppenteilnehmerInnen ausgehändigt. Zudem werden die Kinder der Gruppe in die Geschichte eingebunden, indem sie von den Stellvertreter-Figuren aufgefordert werden, Fragen zu beantworten oder einzelne Methoden und Techniken auszuprobieren. Durch dieses Vorgehen kann die Gruppenleitung auf die Ideen der Zielgruppe eingehen und im Sinne Retzlaffs (2010) Impulse geben, welche Wege möglich sind, ohne einen konkreten Weg in der therapeutisch-beratenden Arbeit vorzugeben.

> „[...] Geschichten mit Stellvertreter-Gestalten, die mit ähnliche Problemen ringen wie das Kind [...] ermöglichen eine Auseinandersetzung mit schweren Themen bei gleichzeitiger emotionaler Distanzierung." (Retzlaff, 2010, S. 227).

Lisa, Emma, Leon und Tim sind solche Stellvertreter-Gestalten in Form von Comicfiguren. Die Kinder der Geschichte bieten die Möglichkeit der Identifizierung mit ihnen und ihrer Geschichte, aber schaffen darüber hinaus durch ihr fiktives Dasein eine Distanz zu den Kindern der Gruppe. Die Identifizierung wird dadurch erleichtert und ermöglicht, dass die Kinder der Geschichte im gleichen Alter wie die Teilnehmer des Gruppenangebotes sind, vermutlich ähnlichen Hobbys wie die Kinder der Gruppe nachgehen und ebenso Verhaltensauffälligkeiten, beziehungsweise psychische Auffälligkeiten, aufzeigen. Weiterhin fungieren die Stellvertreter der Geschichte als Modell im Sinne des Modelllernens nach Albert Bandura für die Kinder des Gruppentrainings.

6.2.6 Methodisches Vorgehen bei der Durchführung des Gruppenangebots

In diesem Kapitel stelle ich die Durchführung des sozialtherapeutischen Gruppenangebots in der Rolle der Gruppenleiterin vor. Zu beachten gilt, dass eine zweite männliche Leiterperson zur Durchführung des Angebotes wichtig und sinnvoll wäre.

Die einzelnen Gruppensitzungen werden inhaltlich vorgestellt, indem der jeweilige Abschnitt der Geschichte vorgetragen wird und das weitere Vorgehen innerhalb der jeweiligen Stunde dargestellt wird. Dabei werden einzelne Methoden und Techniken herausgearbeitet und in entsprechende Theorien der (Klinischen) Sozialarbeit sowie weiteren Bezugswissenschaften verortet. Inhaltlich orientiert sich das Gruppenangebot an den von Petermann und Petermann (2013) beschriebenen Therapie-Tools in der Kinder- und Jugendlichenpsychotherapie und berücksichtigt die von Grawe herausgearbeiteten Wirkfaktoren in der Psychotherapie (Grawe, Donati & Bernauer, 2001). Zudem fließen die Ausführungen der Integrativen Therapie zu den vierzehn Heil- und Wirkfaktoren in der Psychotherapie in das Gruppenangebot ein.

Zu beachten gilt, dass die Ausführungen in diesem Kapitel lediglich als Orientierung verstanden werden können. Die Art der Durchführung und die inhaltliche Ausgestaltung müssen sich immer an den Bedürfnissen und Wünschen der Zielgruppe orientieren. Die Gruppenleitung muss die Geschichte demnach individuell auf die jeweilige Gruppe anpassen und die Inhalte flexibel auf die KlientInnen abstimmen. Medien, die eingesetzt werden, stehen immer bewusst und/ oder unbewusst in Zusammenhang mit der eigenen Biografie. Dies muss die Gruppenleitung beachten und die Medien entsprechend auf die Zielgruppe hin auswählen.

Die soziale Gruppenarbeit sowie die einzelnen Gruppensitzungen bauen vorwiegend auf dem „tetradischen Modell" auf. Dieses hat Petzold (2006) im Rahmen der Integrativen Gestalttherapie entwickelt. Er stellte fest, dass es vier verschiedene Phasen gibt, die zirkulär verlaufen und den therapeutischen Prozess strukturieren. Dies sind die Initialphase, die Aktionsphase, die Integrationsphase und letztlich die Neuorientierungsphase. Das tetradische Modell kann als idealtypisches Verlaufsmodell beschrieben werden. Abweichungen können sich im therapeutischen Prozess ergeben und für diesen sinnvoll und notwendig sein (Petzold et al, 2006; Rahm, 2011).

Im Weiteren werden die einzelnen Phasen anhand des Gruppenangebots vorgestellt.

Zu Beginn einer jeden Gruppenstunde wird ein Abschnitt der von mir konzipierten Geschichte vorgelesen. Die Stellvertreter-Figuren stellen sich vor und erzählen den Kindern der Gruppe etwas über sich und ihre Freunde. Das Thema der jeweiligen Stunde wird von den Stellvertreter-Figuren in die Gruppe eingeführt, indem dieses exemplarisch anhand einer fiktiven Situation dargestellt wird. Die Beziehung der Kinder untereinander und zur Gruppenleitung soll gefördert werden. Biografisches Material wird aktiviert, indem die Kinder sich mit den Stellvertreter-Figuren identifizieren können. Die erste Phase der Gruppensitzung kann der Initialphase des tetradischen Modells zugeordnet werden. Diese wird in der Literatur als „warming-up-Phase" beschrieben, da sie zum einen den Beziehungsaufbau fördern und zum anderen Einblick in den Kontext/ das Thema der Stunde geben soll (fernuni-hagen.de, 2013).

Daran schließt sich die Aktionsphase an. In dieser Phase soll eine Stimulierung auf kognitiver, emotionaler und somatomotorischer Ebene stattfinden. Die Kinder des Gruppenangebotes sollen sich in die jeweiligen Stellvertreter-Figuren hinein-versetzen und sich mit diesen identifizieren. Themen, die durch die Geschichte vermittelt wurden, können diskutiert und auf die Lebenssituation der einzelnen Kinder der Gruppe bezogen werden. In dieser Phase geht es um kathartisches Wiedererleben von positiven und negativen Erfahrungen durch die Kinder (Rahm, 2011). Die Beziehung zur und in der Gruppe wird an dieser Stelle deutlich. Die Gruppe kann dem einzelnen Kind eine neue, positive und somit kontrastierende Erfahrung zu früheren Erlebnissen, die in dieser Phase wiedererlebt werden, bieten. Dem Kind wird klar, dass das, was es erneut durchlebt, der Vergangenheit angehört. Ziel ist, dass es neue und positive Erfahrungen in der Gruppe machen kann. Dazu werden einzelne Techniken und Übungen in der Gruppe durchgeführt, die häufig bereits durch die Stellvertreter-Figuren vorgestellt wurden. Die Kinder der Gruppe setzen sich in dieser Phase aktiv mit dem jeweiligen Thema der Stunde auseinander, indem sie persönliche Bezüge und die damit verbundenen Emotionen herausarbeiten.

> „Wenn das Erfahren der alten Szene und das Erfahren von neuem Vertrauen auf allen Ebenen des Erlebens erfolgt, handelt es sich um ein 'Erleben vitaler Evidenz'. Tief greifende Veränderungen, d.h. Lernen durch Verändern von Strukturen und Bildung neuer Strukturen, ist nur auf dem Weg über Evidenzerlebnisse möglich." (Petzold, 1983, zitiert nach Rahm, 2011, S. 166).

An die Aktionsphase schließt die Integrationsphase an. In dieser Phase geht es um die emotionale, körperliche und kognitive Integration des Erlebten aus der Aktionsphase (Rahm, 2011). Die Kinder des Gruppenangebots sollen ihre Gefühle und Gedanken häufig kreativ in einem Bild ausdrücken. Das Erlebte soll auf diese Weise durchgearbeitet, in Beziehung gesetzt und eingeordnet werden (ebd., 2011). Die Gruppe unterstützt den Prozess der Integration durch Feedback- und Sharingprozesse (Rahm, 2011).

Die letzte Phase, die Neuorientierungsphase, soll nach einer fünfzehn-minütigen Pause den letzten Teil der Gruppenstunde einleiten. Die Pause unterstützt die Integration des Erlebten aus der Initial- und Aktionsphase und stellt ein Ritual in der Gruppe dar. Die Kinder erhalten in der Pause Getränke, Obst und Tee. Es soll eine angenehme Atmosphäre herrschen, in der die Kinder die Erfahrung des Versorgtwerdens machen.

In der letzten Phase werden (neue) Handlungs- und Copingstrategien besprochen und spielerisch eingeübt. Diese sollen auf den Alltag des Kindes bezogen werden, um diese in der Zukunft nutzen zu können.

Die ersten drei Gruppenstunden können der ersten Phase, der Initialphase, des tetradischen Modells zugeordnet werden. In diesen Stunden steht der Beziehungsaufbau im Fokus. Zudem soll der Kontext, in dem das Gruppenangebot eingebettet ist, transparent mit den Kindern besprochen und reflektiert werden. Die Aktionsphase spiegelt sich in der vierten bis einschließlich zwölften Gruppenstunde wider. Die Kinder erarbeiten eine eigene Ressourcen- und Netzwerkkarte, sie setzen sich mit ihren eigenen und den Gefühlen anderer Menschen auseinander und reflektieren, warum sie an der Gruppe „Wegweiser" teilnehmen und auf einen ambulanten Psychotherapieplatz warten. Die dreizehnte bis einschließlich siebzehnte Gruppensitzung kann der Integrationsphase des tetradischen Modells zugeordnet werden. In diesen Stunden gestalten die Kinder ihren „inneren-sicheren-Ort", basteln Puppen als Talisman sowie eine Schatzkiste, um zum Beispiel die Materialien, die sie in der Gruppe erarbeitet haben, zu verstauen. Der gesamte Weg innerhalb des Gruppenangebots wird betrachtet. Ausgehend von der Gegenwart wird die Vergangenheit betrachtet. Von der Vergangenheit geht es zurück in die Gegenwart, um den Blick letztlich auf die Zukunft lenken zu können. Die letzte Phase, die Neuorientierung, beginnt in der siebzehnten Gruppenstunde, in der die einzelnen Gruppenstunden betrachtet und auf die Zukunft hin ausgerichtet werden und endet in der zwanzigsten, der letzten Gruppensitzung.

Das Developmental-Model ist dem tetradischen Modell sehr ähnlich. Die letzte Phase wird im Developmental-Model jedoch stärker betont, indem neben der Neuorientierung der Abschied thematisiert wird. Das Ende der einzelnen Gruppenstunde wird durch eine Abschlussrunde ritualisiert. Insgesamt kann das tetradische Modell gut mit der Psychologie der Lebensspanne verknüpft werden. Die Gegenwart wird in der Initialphase angesprochen. Von da aus wird der Blick auf die Vergangenheit in der Aktionsphase gerichtet. In die Gegenwart zurück geht es innerhalb der Integrationsphase. Am Ende werden die neuen Erkenntnisse und Erfahrungen in der Gegenwart eingeübt, um diese in der Zukunft nutzen zu können.

Erste Gruppensitzung: *„Heute sehen wir uns zum ersten Mal"*

In der ersten Gruppensitzung stelle ich mich persönlich sowie meinen beruflichen Kontext vor. Der Rahmen, in dem das Gruppenangebot entstanden ist, wird ebenfalls kurz umrissen. Die Kinder erhalten in jedem Fall genügend Raum, um Fragen an mich zu richten. „Humor und die Offenheit, etwas über sich selbst mitzuteilen und über sich zu lachen, führen zu einer wohltuenden Leichtigkeit (...)." (Retzlaff, 2010, S. 28). Das Setting des Gruppenangebotes, wie Ort, Dauer und Ablauf, wird den Kindern ebenfalls vorgestellt. Danach stelle ich den Kindern die Stellvertreter-Figuren Lisa und Tim vor. Ich zeige ihnen dazu Bilder von Lisa und Tim. Die Kinder des Gruppenangebotes sollen erraten, wie alt die beiden Kinder sind und was diese gerne in ihrer Freizeit unternehmen. Im Anschluss daran lese ich den ersten Abschnitt der Geschichte vor.

Hey ihr,
schön, dass ihr alle hier seid und wir euch kennen lernen können. Ich bin Lisa und möchte euch heute etwas von mir und meinem Freund Tim erzählen. Tim ist zehn Jahre alt und ich bin acht Jahre alt. Ich wohne in der Nähe vom Lousberg. Tim wohnt gleich nebenan. Tim wohnt mit seiner Mama, seinem Papa und seinem älteren Bruder Jan zusammen. Ich wohne die meiste Zeit mit Mama und „Matze" in Aachen. Manchmal wohne ich auch in Alsdorf bei meinem Papa. Nachdem ich euch erzählt habe, wo Tim und ich wohnen, bin ich neugierig, woher ihr kommt. Erzählt mir doch mal etwas von Euch.

Die Kinder des Gruppenangebotes sollen nun der Aufforderung Lisas nachkommen. Sie sollen ihren Namen, ihr Alter und ihren Wohnort benennen. Zudem sollen sie den anderen Kindern der Gruppe sowie der Gruppenleitung mitteilen, mit welchen Personen sie in einem Haushalt zusammenleben. Vermutlich werden die Kinder des Gruppenangebotes nachfragen, wer „Matze" ist. „Matze" ist Lisas Katze. Die Kinder der Gruppe können ebenfalls über ihre eigenen Haustiere sprechen und sich austauschen.

Im Anschluss daran greift die Gruppenleitung die Aussagen der Stellvertreter-Figur Lisa über ihren Sozialraum auf. Gemeinsamkeiten zwischen den TeilnehmerInnen des Gruppenangebotes und der Stellvertreter-Figuren sollen herausgearbeitet werden, um eine erste Identifikation zwischen KlientInnen und Comicfiguren zu ermöglichen. Die Kinder der Gruppe erhalten ein Bild von Lisa und Tim und können dieses ausmalen.

Der Anfang der Geschichte unterstützt das Joining zwischen der Gruppenleitung und den Kindern sowie der Kinder untereinander. Wichtig ist, dass die Gruppenleitung offene und direkte Fragen stellt, die auf einen ersten Beziehungsaufbau zwischen den Kindern selbst und zur Gruppenleitung abzielen (Caby & Caby, 2009). Retzlaff (2010) betont die Wichtigkeit des Mitschwingens. Die Äußerungen der Kinder sollen als Echo an passender Stelle durch die Gruppenleitung wiedergegeben werden, beziehungsweise durch beständige Äußerungen, wie „Hmm" und „Aha" durch die Gruppenleitung bestärkt werden. Aussagen der Kinder sollen an passender Stelle zusammengefasst werden. Unklarheiten werden durch entsprechende Nachfragen beseitigt (Caby & Caby, 2009; Retzlaff, 2010).

Die Gruppensitzung schließt mit einer Abschlussrunde, die von nun an immer das Ende der jeweiligen Gruppensitzung markiert. Es wird von Person zu Person ein Stein herum gegeben. Derjenige, der den Stein in der Hand hält, soll der Gruppe mitteilen, was ihm in der ersten Stunde gut und/ oder weniger gut gefallen hat. Zum Abschluss erhalten die Kinder einen Schnellhefter, in dem sie das Bild von Lisa und Tim abheften können. Die Kinder sollen diesen Schnellhefter zu jeder Gruppen-stunde mitbringen und das von der Gruppenleitung ausgeteilte Material sowie ihre eigenen Arbeiten im Rahmen des Gruppenangebots darin abheften.

Zweite Gruppensitzung: *„Wie wird die Gruppe wohl sein?"*

Ähnlich wie die erste Gruppensitzung dienen die zweite und dritte Gruppensitzung dem Aufbau einer tragfesten Beziehung zwischen den einzelnen Kindern und zur Gruppenleitung sowie dem Abbau von Ängsten. Darüber hinaus soll die Motivation der Kinder zur Teilnahme am Gruppenangebot durch die Gruppenleitung geprüft werden.

Hey ihr,
schön, dass ihr wieder alle da seid. Letzte Woche habe ich euch von meinem Freund Tim erzählt. Heute habe ich ihn eingeladen euch auch etwas zu erzählen. Als ihr weg wart, ist mir eingefallen, dass ich vergessen habe, euch zu erzählen, woher wir uns kennen. Tim und ich haben uns beim Fußball kennen gelernt. Tim spielt in der gleichen Mannschaft wie ich. Ich kann mich noch genau an das erste Treffen erinnern. Ich war etwas aufgeregt so viele neue Kinder kennen zu lernen, aber habe mich auch gefreut. Wie war das damals für dich, Tim?

Hmm... ich war ebenfalls aufgeregt. Ich konnte am Tag vorher kaum einschlafen. Ich hatte so viele Fragen. Ich habe mir vorgestellt, wie die Kinder wohl aussehen werden und was sie zu mir sagen werden. Über den Trainer habe ich mir auch Gedanken gemacht. Ich habe gehofft, dass er nett und vielleicht ein bisschen lustig ist. Einen strengen Fußballtrainer fände ich nicht so gut. Ich habe meine Mama und meinen Papa gefragt, ob ich vielleicht jemanden in der neuen Gruppe kenne, aber die konnten mir keine wirkliche Antwort geben. Ich hätte auch gerne gewusst, was mich beim ersten Treffen erwartet.

Naja, ich weiß jedenfalls noch, dass ich mit einem komischen Gefühl zum ersten Training gegangen bin.

Wisst ihr, was ich mit komisch meine? Kennt ihr auch solche Situationen und Gefühle?

Die Kinder des Gruppenangebots sollen Tims Fragen beantworten. Sie sollen gemeinsam überlegen, was Tim in der Geschichte mit dem Wort „komisch" zu beschreiben versucht. Zudem sollen sie sich in die Situation von Tim und Lisa einfühlen und beschreiben, mit welchen Gefühlen und Erwartungen sie zum ersten Treffen gegangen wären. Ziel ist die Übertragung der durch die Stellvertreter-Figuren vorgestellten Situation auf die der Kinder der Gruppe. Wünschenswert wäre eine Auseinandersetzung der Kinder über Gefühle und Themen in Bezug auf den Besuch des Gruppenangebots. Innerhalb der Gruppe soll ein Austausch darüber stattfinden, was sich die einzelnen Kinder von der Gruppe wünschen und was in ihren Augen nicht passieren darf. Dadurch erhält die Gruppenleitung einen Einblick in die Motivation des Kindes zur Teilnahme an der sozialtherapeutischen Gruppe. Abgleitet aus den Antworten der Kinder soll ein sogenannter „Fünf-Finger-Vertrag" in der Gruppe erarbeitet werden. Die Kinder zeichnen dazu ihre eigene Hand auf ein Blatt Papier. In der Gruppe werden die fünf wichtigsten Gruppenregeln ausgehandelt. Die Kinder notieren jeweils eine Regel in einem ihrer aufgezeichneten Finger. Danach werden die einzelnen Hände ausgeschnitten, auf ein großes Plakat geklebt und von den Kindern farbig gestaltet. Die einzelnen Hände berühren sich, da diese in einem Kreis nebeneinander aufgeklebt werden. Die Einhaltung der fünf Regeln wird per Unterschrift in der Handfläche der jeweiligen Hand versichert. Danach soll sich die Gruppe einen Gruppennamen überlegen und auf dem Plakat notieren. Ein Gruppenname kann das Zugehörigkeitsgefühl zur Gruppe und die Identifikation mit ihr stärken. Dadurch dient es dem Aufbau einer Gruppenkohäsion. Das Plakat wird dann gut sichtbar für die Dauer des Gruppenangebots im Gruppenraum aufgehängt.

In der nächsten Woche macht die Gruppe einen Ausflug zum Lousberg. Die Kinder erhalten einen Brief für ihre Eltern, auf dem der Ausflug angekündigt wird, mit der Bitte, den Kindern festes Schuhwerk anzuziehen sowie Kleidung zum Spielen. Das Gruppentraining schließt mit einer Abschlussrunde.

Dritte Sitzung: *„Ein Tag in der Natur"*

Die Gruppe trifft sich zu einer vereinbarten Zeit am Lousberg und verbringt die Gruppenstunde dort.

Hey ihr,
wisst ihr, wo ihr hier seid? Ihr seid auf dem Lousberg, meinem Lieblingsplatz in Aachen. Von hier ist es einen Katzensprung bis zu mir nach Hause. Heute könnt ihr hier eine Menge erleben. Ich springe hier auf der Wiese am liebsten Seilchen. Wenn Tim dabei ist, spielen wir oft Fußball oder zeichnen Hüpfkästchen auf den Gehweg. Bevor ihr das auch ausprobieren könnt, wäre es schön, wenn ihr vorher noch ein gemeinsames Spiel ausprobiert. Ich habe das Spiel zusammen mit Tim und vielen anderen Kindern beim ersten Fußballtraining gespielt. Es hat richtig viel Spaß gemacht und danach konnten wir uns die Namen der anderen Kinder viel besser merken. Max, ein Junge der Gruppe, hat von Markus, unserem Trainer, einen kleinen Ball bekommen. Max musste den Ball dann zu einem anderen Kind in der Gruppe werfen und den Namen dieses Kindes nennen. Wir haben bei dem Spiel richtig gelacht. Einige Namen wurden durcheinander gebracht oder es wurden plötzlich Namen genannt, die gar kein Kind der Gruppe hat. Ich bin gespannt, wie das wohl bei euch sein wird.

Die Kinder der Gruppe erhalten von der Gruppenleitung ebenfalls einen Ball, um dieses Spiel zu spielen. Die Kinder lernen dadurch spielerisch die Namen der anderen Kinder sowie den der Gruppenleitung. Das Spiel soll darüber hinaus für eine lockere und angenehme Atmosphäre in der Gruppe sorgen. Die restliche Zeit können die Kinder mit freien Spielen verbringen. Im freien Spiel können sich die Kinder untereinander gut kennen lernen, da sie sich auf einer kindgerechten Art begegnen. Durch Beobachtung wird die Gruppenleitung sehr viel über die einzelnen Kinder der Gruppe erfahren. Interessant zu beobachten ist, ob die Kinder den Kontakt zu anderen TeilnehmerInnen suchen oder eher meiden, wie sie miteinander im Spiel kooperieren und welche Rolle die Kinder im Spiel und in der Gruppe einnehmen.

Vierte Sitzung: *„So lebe ich…"*

Nachdem die ersten drei Sitzungen den Aufbau einer tragfesten Beziehung zwischen den Kindern und zur Gruppenleitung unterstützen sollte, soll in der vierten Sitzung das soziale Netzwerk der Kinder der Gruppe betrachtet werden. Die Kinder werden, wie Lisa, eine eigene Netzwerkkarte gestalten.

Hey ihr,

in den letzten Wochen habt ihr meinen Freund Tim und mich und wir euch kennen gelernt. Seit letzter Woche können wir sogar eure Namen. Ihr habt ja einen Ausflug zum Lousberg gemacht und dort das Spiel gespielt, das Tim und ich auch schon einmal gespielt haben. Schön, dass ihr an meinem Lieblingsplatz in Aachen wart.

Heute wollen wir euch unsere beiden Freunde Leon und Emma vorstellen. Wenn Lisa und ich nicht gerade Fußball spielen oder in der Schule sein müssen, dann spielen wir gerne mit Leon und Emma. Manchmal ist es aber gar nicht so leicht sich zu verabreden. Lisa und ich wohnen ja fast nebeneinander. Leon und Emma hingegen wohnen etwas weiter weg.

Lisa ist an den Wochenenden häufiger bei ihrem Papa. Ihre Mutter und ihr Vater haben sich nämlich vor einem Jahr scheiden gelassen. Seitdem sehe ich Lisa sehr oft mit einem Koffer herum laufen. Sie fährt dann zu ihrem Papa nach Alsdorf.

Emma kann häufig nicht mitspielen, weil sie Zuhause viel zu tun hat. Emma lebt mit ihrer Mama und deren Freund zusammen. Seitdem hat Emma auch zwei jüngere Brüder. Das sind die Kinder von Emmas Stiefvater. Wenn Lisa von den Ausflügen zu ihrem Papa erzählt, ist Emma manchmal traurig. Ihr Papa wohnt ziemlich weit weg. In einer großen Stadt. Ich glaube, es war Berlin. Sie kann ihren Papa nur in den Ferien besuchen. Cool ist aber, dass sie dann in einer so großen Stadt Urlaub machen kann.

Leon ist auch oft traurig und nachdenklich. Er lebt schon seit einiger Zeit in einem Kinderheim. Er hat dort ein eigenes Zimmer und viele andere Kinder zum Spielen. Seine Eltern besuchen ihn ab und zu im Heim. Wenn wir miteinander spielen wollen, dann müssen wir meistens zu ihm in die Gruppe oder ihn zu uns nach Hause einladen. Ich wohne mit meinen Eltern und meinem älteren Bruder Jan zusammen. Mit Jan spiele ich eigentlich auch gerne, aber Jan hat da oft keine Lust zu. Er sagt dann, dass ich noch zu klein bin. Totaler Blödsinn, aber so ist es eben.

Innerhalb der Geschichte wurden unterschiedliche Lebensformen dargestellt. Die Kinder der Gruppe sollen etwas über ihre Familie erzählen. Dazu können sie aus einer Vielzahl an Handpuppen auswählen, die für die Mitglieder des jeweiligen Familiensystems stehen sollen. „Handpuppen ermöglichen das Austragen von Übungen von Konflikten außerhalb des Selbst." (Caby & Caby, 2009, S. 51).

Fragen, die sich aus dem Kontext Trennung und Scheidung ergeben, sollen thematisiert werden. Vor allem soll der in der Regel mit einer Trennung, beziehungsweise Scheidung, der Eltern verbundene Loyalitätskonflikt der Kinder aufgegriffen werden. Veränderungen, die sich aus dem Kontext Trennung und Scheidung ergeben, sollen zudem thematisiert werden, indem die Gruppenleitung Lisa als Modell an geeigneten Stellen in die Diskussion einbindet. Lisas Ressourcen, Bewältigungs- und Copingstrategien im Kontext von Trennung und Scheidung ihrer Eltern werden exemplarisch dargestellt und mit den Kindern der Gruppe diskutiert.

Fünfte Sitzung: „Mein soziales Netzwerk"

Hey ihr,
Tim hat in der letzten Woche mit euch über unterschiedliche Lebens- und Familienformen gesprochen. Ich würde heute gerne mit euch einen Blick auf mein und euer soziales Netzwerk werfen. Wisst ihr, was das ist, ein soziales Netzwerk? Alle Personen, die euch wichtig sind und die für euch da sind, ergeben euer soziales Netzwerk. Dazu zählen zum Beispiel eure Familie, für euch wichtige Verwandte und natürlich eure Freunde und Freundinnen. Es ist ganz interessant, wenn man einmal alle Personen aufschreibt, die einem wichtig sind. Oft weiß

man gar nicht, wie viele Menschen es gibt, die man lieb hat und die einen auch lieb haben. Ich habe das mal ausprobiert und euch mitgebracht. Wir können uns meine Netzwerkkarte gleich zusammen anschauen. Ich bin froh, dass ich diese Netzwerkkarte habe. Wenn ich traurig bin und mit jemandem darüber sprechen möchte, suche ich meine Netzwerkkarte und überlege, wen ich von den dort aufgeschriebenen Personen auswählen kann und möchte. Mama hat mir sogar bei einzelnen Personen, wie Oma und Opa, die Telefonnummer dazu geschrieben. Dann kann ich die anrufen, falls ich Mama nichts davon sagen möchte oder sie nicht Zuhause ist.

Nachdem ich meine Netzwerkkarte fertig hatte, habe ich Leon davon erzählt. Er fand meine so toll, dass er auch eine Netzwerkkarte erstellt hat. Als er fertig war, war er etwas traurig. Auf seiner Netzwerkkarte standen viel weniger Personen als auf meiner. Ich habe ihm erklärt, dass es nicht darum geht, wie viele Personen auf der Netzwerkkarte stehen und dass sich die Netzwerkkarte auch schnell verändern kann. Wenn man zum Beispiel neue Freunde kennen gelernt hat, dann kann man sie auf der Netzwerkkarte hinzufügen.

Die fünfte Sitzung baut thematisch auf der vorherigen Gruppenstunde auf. Die Kinder des Gruppenangebotes sollen unter Verwendung einer Netzwerkkarte den Kindern der Gruppe und der Gruppenleitung Einblick in ihr individuelles Netzwerk bieten sowie selbst einen Zugang zu diesem erhalten. Innerhalb der Studie „Der lange Weg in die ambulante Kinder- und Jugendlichenpsychotherapie" wurde deutlich, dass der größte Teil der Befragten auf kein sie unterstützendes Soziales Netzwerk zurückgreifen kann. Dies lässt sich unter anderem durch die hohe Scheidungsrate (zehn von zwölf befragten Elternteilen waren zum Zeitpunkt der Erhebung vom leiblichen Vater des Kindes getrennt, beziehungsweise geschieden) erklären. Die Thematik wird daher im Gruppenangebot aufgegriffen, mit dem Ziel, das soziale Netzwerk der Kinder zu stärken und/ oder zu erweitern. Die Erweiterung kann zum Beispiel durch die Vermittlung zu einem Verein, nach der Zustimmung der Eltern, für das Kind führen.

Die Kinder betrachten gemeinsam mit der Gruppenleitung Lisas Netzwerkkarte. Nach der Betrachtung und Besprechung fertigen die Kinder der Gruppe eine eigene Netzwerkkarte an. Der Einsatz von Netzwerkkarten ist sowohl mit Chancen, als auch mit Risiken verbunden, die Lisa innerhalb der Geschichte darstellt. Die Gruppenleitung muss sehr sensibel auf die Bedürfnisse und Gefühle der TeilnehmerInnen eingehen und abwägen, welche Netzwerkkarte vorgestellt werden kann und sollte und welche sich gegebenenfalls nicht eignet. Zudem kann es wichtig sein, dass einzelne Netzwerkkarten im Einzelgespräch zwischen Gruppenleitung und Kind besprochen werden. Dieses Vorgehen ist nur möglich, wenn zwei Gruppenleiter zur Verfügung stehen. Anhand der Netzwerkkarten können Ressourcen wahrgenommen werden und Überlegungen hinsichtlich eines Ausbaus an Netzwerkpartnern, durch zum Beispiel die Anbindung an einen Verein, thematisiert werden.

Die Kinder können ihre Netzwerkkarte in ihrem Schnellhefter abheften und wenn sie mögen ihren Eltern zeigen. Sie erhalten darüber hinaus ein Bild von Emma und eines von Leon. Diese können sie zum Abschluss ausmalen und ebenfalls in ihrem Schnellhefter abheften. Das Gruppentraining schließt mit einer Abschlussrunde.

Sechste Sitzung: *„Fühle ich mich in der Schule wohl?"*

In der sechsten Sitzung soll der Kontext Schule näher betrachtet werden. Lisa hat einige Personen aus dem Kontext Schule, wie eine Lehrerin und Mitschüler, auf ihrer Netzwerkkarte notiert. Die Kinder des Gruppenangebotes werden zu ihren Erfahrungen in Bezug auf Schule befragt.

Hey ihr,
schön, dass ihr da seid. Habt ihr euch in den letzten Tagen seitdem wir uns hier gesehen haben, noch einmal eure Netzwerkkarte angesehen? Vielleicht habt ihr sie ja auch jemandem gezeigt?

Ich möchte euch jedenfalls heute etwas ausführlicher als in der letzten Woche die Personen vorstellen, die ich aus der Schule kenne und auf meiner Netzwerkkarte notiert habe. Auf der Netzwerkkarte habe ich Frau Mauer, meine Religionslehrerin, eingetragen. Frau Mauer mag ich sehr. Sie hört mir immer zu, auch wenn es mir mal nicht so gut geht. Mit ihr als Lehrerin habe ich echt Glück gehabt. Von Emma und Tim weiß ich, dass sie nicht so nette Lehrer haben. Gleich könnt ihr erzählen, ob es an eurer Schule eine Lehrerin oder einen Lehrer gibt, die/ den ihr mögt und die/ den ihr auch ansprechen könnt, falls ihr Probleme in der Schule habt.

Leon hat erzählt, dass es an seiner Schule extra eine Frau und einen Mann gibt, die dazu da sind, mit Kindern zu reden. Sie nennen sich Schulsozialarbeiter. Sie haben ein eigenes Büro, in das man gehen kann, wenn man jemandem zum Reden braucht. Die Schulsozialarbeiter organisieren auch häufiger Ausflüge und bieten Aktivitäten in der Schule, wie Pizzabacken, an. Eigentlich gehe ich gerne zur Schule, außer wenn ich Klassenarbeiten schreiben muss. Leon geht überhaupt nicht gerne zur Schule. Mit seiner Klassenlehrerin versteht er sich überhaupt nicht. Auch die Kinder in seiner Klasse mögen ihn nicht so sehr. Leon ist eigentlich ein netter Junge. Ok, manchmal ist es anstrengend mit ihm. Er ist oft sehr laut und läuft in der Gegend herum. Wenn Emma, Tim und ich etwas spielen wollen, vor allem etwas, wobei man sich konzentrieren muss, dann stört Leon manchmal, indem er einfach herum läuft oder albern ist. Manchmal streiten wir uns dann. In der Schule hat Leon auch oft Streit. Er ruft einfach die Antwort auf eine Frage in die Klasse, ohne aufzuzeigen und obwohl auch andere Kinder die Antwort gewusst hätten. Seine Hausaufgaben kann er häufiger nicht vorzeigen. Oft hat er vergessen, die Hausarbeiten zu erledigen oder aber er hat das Heft auf seinem Schreibtisch liegen gelassen.

Die Kinder des Gruppenangebots sollen Lisas Netzwerkkarte und im Anschluss ihre eigene dahingehend betrachten, welche Personen sie aus dem Kontext Schule auf ihrer Netzwerkkarte notiert, beziehungsweise warum nicht notiert haben. Ferner geht es um die Auseinandersetzung mit Themen, die sich aus dem Kontext Schule für die TeilnehmerInnen des Gruppenangebots ergeben. Leons Verhalten soll thematisiert werden, ohne den Blick auf dessen Ressourcen zu verlieren. Die Gruppenleitung bindet die Stellvertreter-Figuren immer wieder in das Gespräch der Gruppe ein und gibt Informationen, die über die Inhalte der Geschichte hinausgehen. Kinder, die ebenfalls Verhaltensweisen wie Leon zeigen, werden durch die Geschichte angesprochen, ohne persönlich etwas über sich Preis geben zu müssen. Das Gespräch über die Figur des Leons schafft eine Distanz zu den Kindern, um eine direkte Konfrontation mit der eigenen Person zu vermeiden und schafft gleichzeitig, durch die Darstellung der Figur, die Möglichkeit der Identifikation für Kinder mit ähnlichen Verhaltensmustern.

Siebte Sitzung: *„Gruppenangebot und Therapie - aber warum?"*

In der letzten Gruppenstunde wurde Leons Verhalten beschrieben und innerhalb der Gruppe thematisiert. Aufbauend darauf soll in dieser Gruppenstunde erarbeitet werden, warum die Kinder des Gruppenangebotes bald eine Therapie beginnen werden und warum sie an dieser Sozialen Gruppenarbeit teilnehmen.

Hey ihr,
wie geht's euch? Mir geht es im Moment nicht ganz so gut. Ihr habt ja schon in der letzten Woche erfahren, dass ich oft Probleme in der Schule habe. Zuhause im Heim streite ich mich, wenn ich ehrlich bin, auch öfter mit anderen Kindern oder den Mitarbeiterinnen unserer Gruppe.
Ähnlich wie ihr warte ich darauf, eine ambulante Kinder- und Jugendlichenpsychotherapie zu machen. Ich habe aber nicht wirklich eine Ahnung, was das ist und was ich da machen muss. Eine Mitarbeiterin im Heim meinte, dass ich da etwas von mir erzählen kann. Kinder, die zum Beispiel viele Probleme haben oder denen es nicht so gut geht, die machen eine Therapie. Es gibt Kinder, die wie ich immer sehr laut sind und Schwierigkeiten haben, sich zu konzentrieren. Es gibt aber auch Kinder, denen es sehr schwer fällt über Dinge, die sie beschäftigen, zu sprechen. Sie haben auch oft keine Lust etwas zu unternehmen oder sich mit anderen Kindern zu treffen. Es gibt kaum etwas, das ihnen Spaß macht und worauf sie sich freuen. Wieder andere Kinder haben häufig Schmerzen, ohne dass ein Arzt feststellen kann, woher zum Beispiel die häufigen Kopfschmerzen oder die Übelkeit kommen. Wisst ihr, was all diese Kinder gemeinsam haben? Irgendetwas hindert sie daran, ein glückliches Kind zu sein. In der Therapie versuchen die Kinder gemeinsam mit dem/ der TherapeutIn herauszufinden, woher das kommt und vor allem, wie das geändert werden kann. Sie begeben sich auf eine gemeinsame Reise, in der sie eine Menge Sachen gemeinsam ausprobieren. Was das sein kann und was genau eine Kinder- und Jugendlichenpsychotherapie ist, können uns die Gruppenleiter erzählen, oder?

Die Gruppenleitung greift die durch die Stellvertreter-Figur vorgestellten Themen und Verhaltensweisen unterschiedlicher Personen auf. Das Ziel einer Kinder- und Jugendlichenpsychotherapie soll kindgerecht vermittelt werden, indem die Kinder die Möglichkeit erhalten, Fragen zu stellen. Wichtig ist, dass deutlich wird, dass jedes Kind anders ist und die Stellvertreter-Figuren lediglich als Beispiel fungieren. Diagnosen nach ICD-10 und DSM werden nicht in Verbindung mit den Stellvertreter-Figuren genannt. Die Gefahr, dass die Kinder der Gruppe denken, dass zum Beispiel jedes Kind, das wie Tim ängstlich und zurückgezogen ist, eine Depression hat, ist zu groß und muss vermieden werden. Vielmehr sollen die Fragen der Kinder im Fokus stehen sowie deren individuelle Themen und Fragestellungen. Dabei geht es auch um die Frage, warum die TeilnehmerInnen auf einen ambulanten Kinder- und Jugendlichenpsychotherapieplatz warten und warum sie an der Gruppe „Wegweiser" teilnehmen.

Der Ablauf einer Therapie sowie einzelne Übungen sollen im weiteren Verlauf des Gruppentrainings thematisiert und aufgegriffen werden.

Achte Sitzung: „Ambulante Kinder- und Jugendlichenpsychotherapie – Was ist das?"

Hey ihr,
schön, dass ihr heute da seid. In der letzten Woche hat euch Leon erzählt, dass er auf einen ambulanten Kinder- und Jugendlichenpsychotherapieplatz wartet. Ich warte auch schon seit drei Monaten auf einen solchen Platz. In der Therapie soll ich lernen, über mich und die Dinge zu sprechen, die mich beschäftigen. Ich hoffe, dass ich nach der Therapie wieder fröhlicher bin und mir mehr zutraue.

Mama und Papa machen sich in der letzten Zeit sehr viele Sorgen um mich. Ich bin halt ganz anders als mein Bruder Jan. Jan ist sehr oft bei Freunden und unternimmt Sachen mit ihnen. Er geht oft mit seinen Freunden ins Kino oder skaten. Ich bin meistens alleine Zuhause. Mama und Papa finden das aber gar nicht gut. Sie wollen, dass ich mehr Spaß habe und, wie Jan, etwas mit Freunden unternehme. Oft ruft Mama einfach Leon, Lisa und Emma an und lädt sie zu mir zum Spielen ein. Eigentlich freue ich mich darüber. Manchmal ist mir das aber alles zu viel. Nach der Schule bin ich oft froh, für mich alleine zu sein. Ich lese dann etwas oder denke über den Tag nach.

Leon und ich sind ja ziemlich unterschiedlich. Gemeinsam haben wir jedoch, dass wir beide auf einen ambulanten Kinder- und Jugendlichenpsychotherapieplatz warten. Das ist ähnlich wie bei euch. Ihr seid auch alle verschieden und dennoch wartet ihr alle auf einen Psychotherapieplatz. Was möchte denn jede/ jeder Einzelne von euch dort besprechen und verändern? Ich möchte auf jeden Fall lernen, fröhlicher und mutiger zu sein. Ich möchte, dass meine Angst nicht mehr so groß ist. Dazu habe ich mir und meiner Angst ein Geschenk gemacht.

Neugierig, was das für ein Geschenk ist? Gleich werdet ihr es erfahren, Frau Kikum hat euch ein Bild von mir mitgebracht, auf dem es zu sehen ist.

In Bezug zur Geschichte und zu Tims Frage sollen die Kinder der Gruppe beschreiben, warum sie an der Gruppe teilnehmen und warum sie zukünftig eine ambulante Psychotherapie machen werden. Ausgehend von der Gegenwart sollen sie beschreiben, was aktuell problematisch ist und eine Teilnahme an der Gruppe notwendig erscheinen lässt. Danach soll nach dem Prinzip der Psychologie der Lebensspanne der Blick in die Vergangenheit gerichtet werden. Die Kinder sollen ein „Problem" auswählen, welches sie schon längere Zeit begleitet. Mit diesem Problem fertigen die Kinder ein eigenes Cartoon, wie Tim in der Geschichte dargestellt hat, an. Die Methode der Cartoon-Therapie eignet sich zur Externalisierung eines Problems und soll in der Gruppe genutzt werden (Caby & Caby, 2009, S. 100f.). Nach der Besprechung von Tims Cartoon werden die Kinder ein eigenes Cartoon zeichnen. Sie erhalten ein Blatt Papier, welches in sechs gleich große Felder eingeteilt ist. Im ersten Feld oben links soll das Kind sein „Problem" darstellen. Im nächsten Feld soll es eine Helferfigur einzeichnen. Helferfiguren können reale Personen oder fiktive Gestalten sein. Das Kind soll überlegen, welches Geschenk es gemeinsam mit der Helferfigur dem „Problem" machen kann. Das Geschenk wird in das dritte obere Feld eingezeichnet. Im nächsten Kästchen überreicht das Kind dem „Problem" das Geschenk. Im vorletzten Feld soll das „Problem" mit dem Geschenk in Verbindung gesetzt werden. Im Beispiel von Tim sitzt die Angst im Rennauto. In das letzte Kästchen zeichnet das Kind sich und die Helferfigur in einer Situation, in der das „Problem" noch einmal auftreten könnte (ebd., 2009). Dadurch wenden die Kinder ihren Blick von der Gegenwart in die Zukunft und können überlegen, wie das Geschenk in Zukunft bei der Bewältigung des Problems positiv genutzt werden kann.

Nach dem Zeichnen des eigenen Comics soll ein Austausch darüber in der Gruppe stattfinden. Die gezeichneten Probleme sollen dann in Verbindung zu den Stellvertreter-Figuren gesetzt werden. Die subjektive Bedeutung des „Problems", beziehungsweise des Symptoms, wird der Gruppenleitung deutlich. Die Gruppenleitung kann darauf in den weiteren Gruppenstunden eingehen und diese Erkenntnis in die Ausgestaltung der Stunden einbeziehen.

Neunte Sitzung: *„Die Arbeit mit dem Geschenk"*

Hey ihr,

habt ihr in der letzten Woche noch einmal an das Geschenk gedacht, welches ihr euch selbst und eurem nervigen Problem im Cartoon überreicht habt? Ich habe in einer Situation an mein Geschenk gedacht – es hat mir in der Situation gut geholfen. Ich erzähle euch davon...

Am Dienstag haben wir eine Arbeit in Deutsch geschrieben. Ich habe immer ziemliche Angst davor, eine schlechte Note in der Schule zu schreiben. Mama und Papa finden das ja auch nicht gut. Vor allem in Deutsch mache ich mir oft Sorgen. Wenn ich Zuhause bin, fallen mir richtig gute Geschichten ein, aber wenn ich in der Schule bin und eine Geschichte oder ein Gedicht aufschreiben soll, dann fällt mir oft nichts Gutes ein. Ich bin dann auf der einen Seite traurig und auf der anderen Seite ziemlich wütend. Die Angst sitzt dann in meinem Bauch. Ich hab dann ein lautes Grummeln im Bauch, was ganz schön weh tut. Ich denke in solchen Situationen, dass ich das mit der Arbeit eh nicht gut hinbekomme.

Am Dienstag war es ähnlich, aber dieses Mal habe ich es geschafft, dass die Angst verschwindet. Ich habe an das Geschenk in meinem Cartoon gedacht. Ich habe mir vorgestellt, dass die Angst in meinem Bauch verschwindet. Wisst ihr wie?

Die Angst ist in das Rennauto gestiegen und in einem wahnsinnigen Tempo davon gedüst. Ich habe mir vorgestellt, dass die Angst im Rennauto ganz weit weg fährt. So weit weg, dass die Angst nicht mehr zu Fuß zu mir zurückkommen kann. Dadurch hatte ich genug Zeit, in Ruhe über eine Geschichte nachzudenken und diese aufzuschreiben. Ich konnte mich plötzlich gut konzentrieren und die Aufgaben der Arbeit erledigen. An dem Tag und auch jetzt bin ich richtig stolz darauf, das geschafft zu haben.

Ich weiß, dass die Angst irgendwann zurück zu mir kommt. Sie wird dafür sorgen, dass das Auto getankt wird und sie dadurch zurück zu mir fahren kann. Wenn es so weit ist, muss ich überlegen, ob ich die Angst akzeptiere oder sie erneut in das Rennauto setze und dafür sorge, dass dieses die Angst ganz, ganz weit weg von mir bringt.

Überlegt nun einmal kurz, in welchen Situationen das Problem da ist und wie euer Geschenk dafür sorgen kann, dass das Problem verschwindet oder kleiner wird. Die anderen Kinder der Gruppe und die Gruppenleiter können euch dabei helfen.

Tims Bild der Cartoon-Therapie wird noch einmal betrachtet. Besonders die beiden letzten Felder des Bildes, auf denen das Geschenk zu sehen ist. Die Fragen, die Tim in der Geschichte stellt, sollen in der Gruppe besprochen werden. Die Kinder sollen danach die letzten beiden Kästchen ihres Cartoons betrachten und überlegen, wie ihnen das Geschenk bei der Bewältigung des Problems helfen kann. Die Gruppe und die Gruppenleitung soll dabei Unterstützung geben. Die systemische Methode des Reframings kann in diesem Zusammenhang nützlich sein.

Zehnte Sitzung: *„Therapie - der Gefühle"*

Hey ihr,
ich bin Emma. Meine Freunde haben euch ja schon einmal etwas über mich erzählt. In den letzten Wochen habt ihr gehört, was eine Therapie für Kinder und Jugendliche ist und was man da so macht. Leon und Tim warten auf einen

freien Therapieplatz. Sie haben euch erzählt, warum sie eine Therapie machen wollen.

Ich habe mir gedacht, ich erzähle euch einfach einmal von meinen Erfahrungen. Ich mache seit fünf Monaten eine ambulante Kinder- und Jugendlichenpsychotherapie. Am Anfang war ich ganz schön aufgeregt, was mich da erwartet. Jetzt weiß ich, dass meine Ängste und meine Aufregung unnötig waren. In der Therapie habe ich gemeinsam mit meiner Therapeutin schöne Sachen gemacht. Wir haben gebastelt und gemalt und auch öfter eine Phantasiereise gemacht. Ich durfte ganz viel von mir erzählen und mir auch oft ein Spiel aussuchen. Ich habe am Anfang total gerne am Puppenhaus gespielt. Witzig war auch, als ich meine Familie als Tiere malen sollte. Manchmal fällt es mir schwer, über meine Gefühle zu sprechen. Ich habe oft Dinge gemacht, ohne genau zu wissen warum. Ich habe zum Beispiel, wenn ich Streit mit meiner Mutter hatte, meine Türe geknallt oder etwas auf den Boden geworfen. Das Gefühl, das ich hatte, konnte ich nicht beschreiben. Seitdem ich in der Therapie bin, gelingt es mir besser. Oft möchte ich aber auch nicht über meine Gefühle sprechen. Ich habe deshalb eine Gefühlsuhr in der Therapie gebastelt. Seitdem klappt es besser. Auf der Uhr kann ich meine Gefühle einstellen, ohne diese erklären zu müssen. Meine Uhr hängt an meiner Zimmertüre, damit meine Familie weiß, wie es mir gerade geht.

Ich kann mir vorstellen, dass es euch auch manchmal schwer fällt, über eure Gefühle zu sprechen, oder? Oft weiß man gar nicht, was das gerade genau für ein Gefühl ist. Oder man spürt zwei Gefühle gleichzeitig. Damit ihr eure Gefühle auch besser ausdrücken könnt, basteln wir jetzt auch eine Gefühlsuhr für euch.

Die Kinder basteln eine eigene Gefühlsuhr und können diese nach ihren Wünschen gestalten.

Anhand der Gefühlsuhr soll ein Austausch über die unterschiedlichen Gefühle stattfinden, die auf der Uhr dargestellt werden. Die Kinder werden danach in zwei Gruppen eingeteilt. Die eine Gruppe soll einzelne - durch die Gruppenleitung vorgeschlagene - Gefühle pantomimisch darstellen. Die Kinder der anderen Gruppe sollen auf ihrer eigenen Gefühlsuhr das Gefühl einstellen, welches pantomimisch dargestellt wird. Insgesamt lernen die Kinder, dass Gefühle subjektiv sind und werden in ihrer Selbst- und Fremdwahrnehmung durch einen Perspektivwechsel gefördert.

Elfte Sitzung: *„Gefühls - Ballon"*

Hey ihr,
in der letzten Woche haben wir ja gemeinsam eine Gefühlsuhr gebastelt. Am Ende habt ihr unterschiedliche Gefühle pantomimisch dar- und auf der Uhr eingestellt. Es wurde deutlich, dass jeder Gefühle anders wahrnimmt und deutet. Um euch zu zeigen, wie viele verschiedene Gefühle es gibt, habe ich euch ein Spiel mitgebracht. Ihr könnt jetzt zu zweit ein Gefühlsmemory spielen.

Die Kinder der Gruppe können das Gefühlsmemory der Katze „Matze" spielen und erhalten eine Kopie des Spiels.[15] Die Karten können sie Zuhause ausschneiden und gestalten.

Das Katzenmemory kenne ich von meiner Therapeutin. Zu Beginn der Therapie haben wir das oft gemeinsam gespielt. In der Therapie haben wir sehr oft über meine Gefühle gesprochen. Vor der Therapie habe ich mir nur selten Gedanken über meine Gefühle gemacht. Mit Mama habe ich da auch nie drüber gesprochen. Erst jetzt weiß ich, dass es ganz wichtig ist, über seine Gefühle zu sprechen. Immer, wenn ich meine Gefühle verdrängt habe, ging es mir schlecht. Vor Klassenarbeiten in Mathe hatte ich oft totale Kopfschmerzen. Wenn ich mal wieder versucht habe, meinen Papa zu erreichen, der aber keine Zeit hatte, war ich oft wahnsinnig wütend. Abends konnte ich dann ganz schlecht einschlafen, weil ich so viel Wut im Bauch hatte. Die Bauchschmerzen wurden mit der Zeit immer schlimmer. In der Therapie habe ich dann zum ersten Mal darüber gesprochen. Dadurch wurde die Wut im Bauch weniger. Um die Wut ganz aus dem Bauch heraus zu lassen, haben wir in einer Therapiestunden einen Luftballon aufgeblasen, um ihn danach mit einer Nadel zerstechen zu können. Der Luftballon war genau so dick wie die Wut in meinem Bauch. So wie das Zerstechen des Ballons hat mir das Reden über meine Gefühle geholfen. Wisst ihr was, wir probieren das einmal gemeinsam aus.

---

[15] Siehe Anhang.

Die Kinder sollen Situationen sammeln, in denen sie wütend waren. Ein roter Luftballon symbolisiert die Wut. Der Ballon wird aufgeblasen und mit einer Nadel zum Platzen gebracht. Das Dampfkesselphänomen nach Bandura wird den Kindern vorgestellt. Handlungsmöglichkeiten, die die Externalisierung von Gefühlen fördern, sollen in der Gruppe diskutiert und gesammelt werden.

Zwölfte Sitzung: *„Meine Ressourcenkarte"*

Hey ihr,
wie geht's euch? Mir geht's richtig gut.
Ich habe gestern eine Ressourcenkarte gebastelt und habe gesehen, dass ich viele Dinge richtig gut kann. Ich wusste gar nicht, dass zuhören auch eine Ressource ist. Meine Therapeutin hat mir den Tipp gegeben. Aber bevor ich euch noch mehr verrate, erkläre ich euch, was das genau ist, eine Ressourcenkarte. Also, man schreibt und/ oder zeichnet auf ein Blatt Papier, was man gut kann. Als die Ressourcenkarte fertig war, war ich überrascht, wie viel darauf stand. Mir fällt es immer leichter zu erzählen, was ich nicht gut kann – jetzt weiß ich aber auch, was ich gut kann und was mich als Emma ausmacht.

Ich würde vorschlagen, dass ihr eine eigene Ressourcenkarte gestaltet. Nehmt euch ein Blatt Papier und legt los. Auf dem Tisch liegen Stifte und Zeitschriften. Wenn ihr mögt, könnt ihr aus den Zeitungen Sachen ausschneiden und auf eure Ressourcenkarte kleben. Schaut her, ich habe aus einer der Zeitungen ein Fahrrad und ein Ohr ausgeschnitten und aufgeklebt. Das Fahrrad, weil ich richtig gut Fahrrad fahren kann und das Ohr, weil ich gut zuhören kann.

Jetzt könnt ihr loslegen.

Die Kinder erstellen ihre eigene Ressourcenkarte und stellen diese in der Gruppe vor. Im Anschluss daran sollen die TeilnehmerInnen überlegen, welche Ressourcen es speziell in der Gruppe gibt. Das nachfolgende Zitat verdeutlicht die Bedeutung ressourcenorientierter Arbeit in der (klinischen) Sozialarbeit.

„Ressourcen können verstanden werden als positive personale, soziale Materielle Gegebenheiten, Objekte, Mittel, Merkmale bzw. Eigenschaften, die Personen nutzen können, um alltägliche oder spezifische Lebensanforderungen wie auch psychosoziale Entwicklungsaufgaben zu bewältigen, um psychische wie physische Bedürfnisse und eigene Wünsche zu erfüllen, Lebensziele zu verfolgen und letztlich Gesundheit und Wohlbefinden zu erhalten bzw. wieder herzustellen." (Schubert & Knecht, 2011, zitiert nach Gahleitner & Hahn, 2012, S. 114).

Dreizehnte Sitzung: *„Die Stunde der Kinder"*

Die dreizehnte Gruppensitzung soll maßgeblich von den Kindern der Gruppe geplant und gestaltet werden. Es kann zum Beispiel ein gemeinsamer Ausflug stattfinden. Das Thema Ressourcen, das in der vorherigen Woche thematisiert wurde, wird dadurch in der dreizehnten Stunde aufgegriffen. Einzelne Ressourcen, wie die der Phantasie, des Planens und des Vorbereitens werden zur Planung der Stunde genutzt und durch die Gruppenleitung entsprechend benannt und wertgeschätzt.

Vierzehnte Sitzung: *„Offene Stunde"*

Themen, die die Kinder zu Beginn des Gruppenangebotes gesammelt haben und die bisher keine, beziehungsweise wenig, Beachtung erfahren haben, können in dieser Stunde besprochen werden.

Fünfzehnte Sitzung: *„Meine Schatzkiste"*

Hey ihr,
ich bin froh, dass ihr da seid. Ich wollte euch nämlich von meinem Tag gestern erzählen. Es war ein richtig doofer Tag!

Mein Papa hat sein Versprechen mal wieder nicht eingehalten. Er hatte versprochen, mich an der Schule abzuholen und mit mir schwimmen zu gehen. Nachdem ich fast eine Stunde an der Schule auf ihn gewartet habe, bin ich zu Mama nach Hause gegangen. Mama war auch richtig sauer und hat Papa angerufen. Der meinte nur, dass er das Treffen mit mir vergessen habe und wir das nachholen können. Ich war einfach nur sauer. Ich sah bestimmt aus wie der rote Luftballon, den ihr hier in der Gruppe zum Platzen gebracht habt. Um auf andere Gedanken zu kommen und mich besser zu fühlen, habe ich meine Schatzkiste herausgeholt. In meiner Schatzkiste sind lauter Sachen, die ich mag und die mich glücklich machen. Da ist zum Beispiel eine CD von meinem Lieblingssänger Justin Bieber drin, ein Poster von Hannah Montana, ein Brauselutscher, mein Regentag-Brief und meine Sorgenpuppen. Als erstes habe ich die Musik aufgedreht und getanzt. Mama hat an die Türe geklopft und gefragt, ob alles in Ordnung sei. Ich habe ihr gesagt, dass ich meine Schatzkiste ausgepackt habe und die Sachen darin ausprobiere. Mama meinte, dass dies eine gute Idee sei und ließ mich alleine. Nach zehn Minuten habe ich die Musik leiser gemacht und meinen Brauselutscher gegessen. Den mag ich besonders gerne. Dabei habe ich meinen „Regentag-Brief" gelesen. Den Brief habe ich vor einiger Zeit einmal geschrieben.

In meinem „Regentag-Brief" habe ich einen schönen Tag beschrieben, den ich in der Vergangenheit erlebt habe. Ein toller Tag am Meer. Ich habe im warmen Sand Muscheln gesammelt. In den Briefumschlag habe ich ein paar Muscheln hineingelegt, die mich an diesen schönen Tag erinnern. An Tagen, an denen mir alles trist und regnerisch erscheint, kann ich den Brief lesen und mich an die schönen Momente in der Vergangenheit erinnern. Wenn ich den Brief zu Ende gelesen habe, geht es mir meistens schon besser und ich freue mich darauf, weitere schöne Tage zu erleben.

Da jedes Kind und jeder Erwachsene mal traurig und unglücklich ist, sollte jeder einen solchen „Regentag-Brief" und eine Schatzkiste besitzen.

Ihr könnt nun euren eigenen „Regentag-Brief" schreiben, malen oder basteln- ganz wie ihr möchtet.

Als ihr auf dem Lousberg wart, haben einige von euch Blätter gesammelt. Wer mag, kann diese auf den Brief kleben oder in den Umschlag legen. Ihr könnt natürlich auch andere Sachen benutzen oder in den nächsten Tagen Zuhause in den Briefumschlag legen. Wenn ihr alle einen Regentag-Brief geschrieben habt, könnt ihre eure eigene Schatzkiste basteln. Das macht richtig viel Spaß! Am Ende könnt ihr überlegen, was ihr in eure Schatzkisten legen möchtet. Vielleicht haben die anderen Kinder noch eine Idee oder einen Tipp für euch. Ich wünsche euch viel Spaß!

Die Kinder der Gruppe sollen einen eigenen „Regentag-Brief" schreiben und diesen gestalten (institut-berlin.de, 2010). Im Anschluss daran basteln die Kinder der Gruppe eine eigene Schatzkiste. Gemeinsam können die TeilnehmerInnen überlegen, welche Gegenstände in die Schatzkiste gepackt werden können. Es soll ein Austausch darüber stattfinden. Als Hausaufgabe sollen die Kinder der Gruppe die eigene Schatzkiste füllen und zum nächsten Treffen mitbringen.

Sechzehnte Sitzung: *„Mein innerer-sicherer-Ort"*

Hey ihr,
ihr habt in der letzten Woche einen „Regentag-Brief" geschrieben und eine eigene Schatzkiste gebastelt. Ich bin schon total gespannt, was sich in den einzelnen Kisten befindet. Wer Lust hat, kann mir und den anderen Kindern der Gruppe die Sachen, die sich in eurer Schatzkiste befinden, zeigen.

Bevor wir uns die ein oder andere Schatzkiste ansehen, bitte ich euch, euren „Regentag-Brief" heraus zu holen und diesen noch einmal aufmerksam zu lesen. Die Erlebnisse und Ereignisse, die ihr in eurem Brief beschrieben habt, sollt ihr auf einem Blatt Papier darstellen. Wenn ihr einmal keine Lust habt zu lesen, könnt ihr euer Bild herausnehmen und an den Ort zurückkehren, den ihr im Brief beschrieben habt.

In der siebzehnten Gruppenstunde sollen die TeilnehmerInnen den Ort, welchen sie im „Regentag-Brief" beschrieben haben, künstlerisch darstellen. Dadurch erhalten die Kinder neben dem kognitiven, einen weiteren, vorwiegend visuell geprägten, Zugang zu ihrem Ort. Die Bilder sollen zukünftig als „innerer-sicherer-Ort" genutzt werden. Die Kinder werden angeleitet, diesen Ort wann immer sie möchten, imaginativ aufzusuchen. Dieser Ort kann zur Entspannung besucht werden oder aber in stressigen, das Kind belastenden Situationen. Dazu muss der individuelle Ort positiv im Kind verankert werden. Um dies zu erreichen, müssen möglichst viele Sinnesmodalitäten aktiviert und mit dem Ort verknüpft werden. Dieses Vorgehen entspricht der „asklepiadischen Therapeutik". Die „asklepiadische Therapie [...] setzt verschiedene Zugangsweisen indikationsspezifisch jeweils einzeln, aber auch kombiniert und insgesamt ein, d.h. in differentieller und ganzheitlicher Art und Weise." (Petzold, 1988, zitiert nach Petzold, 2001, S. 508). Sie greift dabei auf das Vermögen des Leibes, wie es in der integrativen Therapie beschrieben wird, zurück. Die perzeptiven Erfahrungen eines Menschen werden in dessen Leib abgespeichert. Dieses Phänomen wird mit dem Begriff der Memoration beschrieben. Die Gruppenleitung stellt den Kindern Fragen, die sich auf ihren persönlichen Ort beziehen. Ziel ist, möglichst viele Sinnesmodalitäten anzusprechen und mit dem jeweiligen Ort des Kindes zu verknüpfen. Die GruppenteilnehmerInnen sollen sich in das Bild hineinversetzen. Der Ort und die Umgebung soll visuell wahrgenommen werden. Ebenso sollen sie mögliche Geräusche wahrnehmen, den Duft des Ortes einfangen und einzelne Dinge in ihrer Phantasie taktil erfassen. Um diesen Prozess zu unterstützen, sollen die Kinder mit dem Finger über ihr Bild streichen. Dadurch kann der Kontakt zum Medium und zum Ort hergestellt werden. Wichtig ist, dass die Kinder während der gesamten Auseinandersetzung die Augen offen halten und eine aufrechte Körperhaltung einnehmen. Die Übung findet in Dialogform zwischen Kindern und Gruppenleitung und nicht als klassische Imaginationsreise statt. Der Einsatz von Imaginations- und Phantasiereisen ist kritisch zu betrachten, da diese neben zahlreichen positiven Effekten mit erheblichen Risiken verbunden sein können. Unbewusste, vorbewusste und/ oder verdrängte Erfahrungen von (traumatisierten) KlientInnen können innerhalb einer Imaginationsreise aktiviert und vom Klienten durchlebt werden. In der Psychotherapie werden Imaginations- und Phantasiereisen daher in der regressionsfördernden Arbeit eingesetzt (Günter & Bruns, 2010). Imaginations- und Phantasiereisen sollten nur von Fachleuten durchgeführt werden, die über entsprechendes theoretisches und praktisches Wissen in diesem Kontext verfügen. Um einer möglichen Regression vorzubeugen, sollten die TeilnehmerInnen einer Imaginations- und Phantasiereise die Augen offen behalten und eine aufrechte Körperhaltung einnehmen. Bei geschlossenen Augen finden die KlientInnen einen unstrukturierten Raum vor, der die Regression fördern würde. Gleiches gilt für eine liegende, fötale Körperhaltung (Lammel, 2012).

In der ambulanten Kinder- und Jugendlichenpsychotherapie findet häufig eine Auseinandersetzung mit dem Thema „Mein innerer-sicherer-Ort" mit dem Klienten/ der Klientin statt. Diese Technik wird bereits im Gruppenangebot eingeführt und kann in der Therapie aufgegriffen und entsprechend vertieft werden.

Siebzehnte Sitzung: *„Offene Stunde"*

In der siebzehnten Sitzung können noch offene Fragen und Themen der Kinder besprochen werden. Diese Sitzung kann ebenfalls von der Gruppenleitung zur Vertiefung einzelner Themen genutzt werden und an anderer Stelle in das Gruppenangebot eingebunden werden.

Achtzehnte Sitzung: *„Wir planen unser Abschlussfest"*

Hey ihr,
heute ist schon unsere achtzehnte Gruppensitzung. Wahnsinn, wie schnell die Zeit vergangen ist. Ihr könnt mächtig stolz auf euch sein. Ihr habt eine Menge neuer Sachen ausprobiert und gelernt. Der ein oder andere hat bestimmt auch eine Freundin oder einen Freund in der Gruppe gefunden. Es wäre schön, wenn ihr euch auch nach der Gruppe noch sehen könntet. Vielleicht tauscht ihr eure Telefonnummern aus und bleibt in Kontakt. So habe ich es auch mit einem Freund aus dem Fußballverein gemacht. Ich habe euch doch schon einmal von Max erzählt. Max ist mit seiner Mutter und seinem Vater im letzten Sommer in eine andere Stadt gezogen. Sein Vater hat eine neue Arbeit angefangen. Ich war ziemlich verwirrt, als Max uns beim Fußball davon erzählt hat. Ich war auf der einen Seite sehr traurig, aber auf der andern Seite habe ich mich auch für Max gefreut. Max bekommt nämlich in der neuen Wohnung ein größeres Zimmer und ein eigenes Haustier. Er freut sich sehr darüber. Max hatte sich schon immer ein Haustier gewünscht. Max Eltern haben dem aber nie zugestimmt. Die Wohnung war zu klein für drei Personen und ein Tier. Aber das hat sich geändert.
Bevor Max umgezogen ist, haben wir uns getroffen und geplant, was wir an unserem letzten Treffen vor seinem Umzug machen werden. Es wäre schön, wenn ihr euch auch etwas Tolles für euer letztes Treffen überlegt.

Wie wäre es mit Musik hören und Waffeln backen? Vielleicht habt ihr aber auch eine bessere Idee?

Die letzten drei Gruppensitzungen sollen das Ende des Gruppenangebots einleiten und den Abschied der Kinder untereinander und zur Gruppenleitung vorbereiten. Thematisch wird das Thema „Abschied nehmen" thematisiert. Die Gruppenleitung muss besonders in den letzten Stunden die Gruppendynamik wahrnehmen und reflektieren. Die Kinder der Gruppe werden auf der Grundlage vorheriger Erfahrungen sehr unterschiedlich mit der bevorstehenden Trennung und dem Ende des Gruppenangebotes umgehen. Vermutlich wird es Kinder geben, die in den Widerstand gehen und gegen-über der Gruppenleitung und/oder den Kindern verbal aggressiv werden. In diesem Fall muss die Gruppenleitung den Kindern die Gewissheit geben, auch mit solchen Gefühlen und Reaktion umgehen zu können und diese auszuhalten. Darüber hinaus soll die Gruppenleitung den Kindern Strategien anbieten, die Gruppe positiv und wertschätzend zu verlassen (Heinemann & Vor der Horst, 2009). Die Kinder sollen die letzte Gruppenstunde nach ihren Wünschen und Bedürfnissen gestalten. Die Gruppenleitung unterstützt die Kinder bei der Planung und Umsetzung.

Neunzehnte Sitzung: „Wir sagen Auf Wiedersehen!"

Hey ihr,
heute besuchen Lisa, Tim, Emma und ich euch das letzte Mal. Heute ist eure letzte richtige Gruppenstunde. In der nächsten Woche feiert ihr das Ende eurer Arbeit und eurer Gruppe. Wir haben euch ein kleines Geschenk mitgebracht. Ihr erhaltet alle ein Bild von Lisa, Emma, Tim und mir. Aus diesen Bildern könnt ihr kleine Puppen basteln. Ihr könnt uns dann in eurer Schatzkiste aufbewahren und uns, wann immer ihr wollt, herausholen und uns etwas von euch erzählen. Wir sind dann eine Art Talisman, die euch an diese Gruppe erinnern und an das, was ihr hier Tolles erlebt und geschafft habt.
Wenn ihr eure Puppen fertig gebastelt habt, könnt ihr eine kleine Reise

durch die vergangenen Wochen und Monate machen. Dazu könnt ihr euren Schnellhefter herausholen und einen Blick auf eure Arbeitsblätter werfen.

Vielleicht fällt euch sogar noch ein, wann ich oder die anderen drei bei euch in der Gruppe waren und was wir euch so erzählt haben. Euch kennen zu lernen und mit euch zu arbeiten, hat riesig viel Spaß gemacht. Wir wünschen euch nun viel Freude beim Basteln eurer Puppen.

Die Kinder basteln ihre eigenen „Mut-Sorge-Puppen", die als Talisman fungieren und die in direkter Verbindung zum Gruppenangebot und der Stellvertreter-Figuren stehen.

Ausgehend von der Gegenwart wird der Blick in die Vergangenheit gerichtet, indem das Material der letzten Monate und Wochen betrachtet und reflektiert wird. Ebenso wird die Zukunft fixiert, dadurch, dass die Kinder aufgefordert werden, Wünsche zu äußern und die Methoden und Techniken des Gruppenangebots in der Zukunft anzuwenden.

Zwanzigste Sitzung: *„Heute feiern wir"*

Die letzte Sitzung wird nach den Wünschen und Bedürfnissen der Kinder gestaltet und gefeiert. Es besteht die Möglichkeit, dass die Eltern zu dieser Feier eingeladen werden, sofern die TeilnehmerInnen dies wünschen. Die Kinder könnten einen Teil ihrer Arbeiten, wie ihre Ressourcenkarte, ihre Mut-Sorge-Puppen, ihre Schatztruhe sowie weitere Arbeitsblätter und Zeichnungen im Sinne einer Vernissage ausstellen. Dadurch würde die letzte Stunde einen feierlichen Rahmen erhalten. Die mit der Teilnahme an der Gruppe „Wegweiser" verbundene Arbeit würde angemessen honoriert und gewertschätzt werden. Eltern und Kinder könnten dadurch leicht ins Gespräch kommen und sich über die Inhalte austauschen. Die Auswahl der zu ausstellenden Arbeiten muss mit jedem Kind einzeln besprochen und reflektiert werden. Arbeiten, die sehr persönlich sind, wie zum Beispiel der Regentag-Brief, sollen nicht ausgewählt und ausgestellt werden.

Die Kinder erhalten zum Abschied ein Foto, auf dem alle Kinder der Gruppe und die Gruppenleitung zu sehen sind. Die Stellvertreter-Figuren sind ebenfalls auf dem Foto als Logo versehen.

6.2.7 Elternarbeit

Wünschenswert wäre neben dem Besuch des Kindes an der Gruppe „Wegweiser" die Teilnahme der Eltern[16] an einem eigenen Gruppenangebot, welches im nachfolgenden Kapitel vorgestellt wird. Dadurch könnte die Gruppenleitung, welche im Idealfall beide Gruppenangebote durchführt, die Inhalte der beiden Gruppenangebote aufeinander abstimmen und mögliche Synergieeffekte nutzen. In jedem Fall sollte vor Beginn der sozialtherapeutischen Gruppenarbeit „Wegweiser" ein Gespräch zwischen den Eltern und der Gruppenleitung stattfinden. Die Struktur sowie die Inhalte sollen transparent von der Gruppenleitung vorgestellt werden. Darüber hinaus muss ein Abschlussgespräch zwischen Eltern, Kind und Gruppenleitung stattfinden. Entsprechend des Titels „Wegweiser" soll das Gruppenangebot reflektiert und der weitere Weg des Kindes bis zur Aufnahme einer ambulanten Psychotherapie besprochen werden. Die Gruppenleitung fungiert über das gesamte Gruppenangebot und über dieses hinaus als Ansprechpartner und „Wegweiser" für Eltern und Kind. Sie vermittelt bei Bedarf an andere Institutionen und Einrichtungen und zeigt verschiedene Wege zu Akteuren des Sozial-, Gesundheits- und Bildungswesens auf.

6.2.8 Reflexion

Neben der Reflexion der Gruppenleitung nach jeder Gruppensitzung und nach dem gesamten Gruppenangebot soll eine abschließende Reflexion mit den Gruppenmitgliedern erfolgen. Aufgrund des Alters der Zielgruppe soll die Reflexion per Fragebogens[17] erfolgen. Dieser wurde in Anlehnung an den Fragebogen zur Evaluation des Gruppenangebots „Und was wird aus mir? Ein sozialpädagogisches Interventionskonzept für Kinder aus Trennungs- und Scheidungsfamilien" erstellt (Kikum, 2011). Der Fragebogen umfasst jeweils drei Ratingskalen, um eine neutrale Mittelkategorie einzuschließen, die im Falle unsicherer Urteile von den TeilnehmerInnen des Gruppenangebots ausgewählt werden kann. Für die Ratingskalen wählte ich symbolische Marker in Form einer Stellvertreter-Figur des Gruppenangebots. Anders als verbale Marker, können symbolische Marker schnell erfasst werden und eignen sich besonders gut in der Arbeit mit Kindern (Bortz & Döring, 2006). Nach Zustimmung des Kindes kann der Fragebogen im Abschlussgespräch mit den Eltern besprochen werden und/ oder mit der

---

[16]Unter dem Begriff „Eltern" werden sowohl die leiblichen Eltern(-teile) des Kindes als auch andere für das Kind wichtige Bezugspersonen subsummiert.

[17]Siehe Anhang.

zukünftigen Therapeutin des Kindes. Der Fragebogen schließt Fragen ein, die zum einen den Verlauf des sozialtherapeutischen Gruppenangebotes darlegen und zum anderen die Entwicklung des Kindes betreffen.

6.2.9 Empfehlungen für die Altersgruppe der Dreizehn- bis Achtzehnjährigen

In diesem Kapitel möchte ich einige Anregungen hinsichtlich der Erstellung eines Gruppenangebots für Jugendliche in der Wartezeit auf einen ambulanten Kinder- und Jugendlichenpsychotherapieplatz formulieren.

> „Obwohl die Gruppe der Gleichaltrigen eine besondere Bedeutung für die Lösung der Entwicklungsaufgaben in diesem Lebensalter hat, ist es immer wieder schwierig, die Jungendlichen für eine Gruppentherapie zu motivieren." (Knopp & Ott, 2002, S. 164).

Die Leitung der Gruppe, die als Repräsentant der Erwachsenenwelt von den Jugendlichen wahrgenommen und bewertet wird, löst häufig Gefühle des Misstrauens, Ängste und Unsicherheit im Jugendlichen aus (ebd., 2002). Die Gruppenleitung muss daher besonders sensibel auf die Bedürfnisse der Jugendlichen eingehen und diese zu befriedigen versuchen. Sie muss Verständnis für die psychosoziale Situation des Jugendlichen aufbringen und versuchen, die Widerstände und Zweifel der Jugendlichen zu verstehen und zu akzeptieren. Ferner soll sie versuchen, die Möglichkeiten und Chancen des Gruppenangebotes für den Jugendlichen aufzuzeigen. Dabei ist die Partizipation des Jugendlichen zu fördern und in die Ausgestaltung der Hilfe einzubinden. Während Media, wie Spielen und Malen, für Kinder im Kontext eines Gruppenangebotes genutzt werden sollen, müssen in der Arbeit mit Jugendlichen andere Media, neben dem Gespräch, ausgewählt werden. Diese müssen sich auf der einen Seite am Alter und auf der anderen Seite an den Interessen und Fähigkeiten der Zielgruppe orientieren. Zum Thema Freundschaften und Soziale Netzwerke können die aktuell sehr beliebten und häufig von Jugendlichen genutzten Online-Netzwerke, wie Facebook, thematisiert werden. Generell ist es ratsam, Medien, wie den Computer und das Internet, in das Gruppenangebot einzubeziehen, da Jugendliche einen großen Teil ihrer Freizeit online verbringen (Liechti, 2009). Während man zu Kindern sehr gut eine Beziehung über das Medium „Malen" und „Spiel" aufbauen kann, stellt der Computer ein solches Medium für den Beziehungsaufbau zu Jugendlichen dar. Die Jugendlichen können beispielsweise eine Netzwerkkarte am Computer erstellen oder zur Gestaltung von Plakaten, Bilder im Internet heraussuchen. Der Einbezug von Themen, die Jugendliche in der Phase der Pubertät beschäftigen, müssen innerhalb der Gruppe Berücksichtigung und Aufmerksamkeit erhalten.

> „Wenn die Integration in die Gruppe gelingt und die Jugendlichen sich mit den gemeinsam ausgehandelten Spielregeln und Inhalten identifizieren können, dann berichten sie immer wieder über den hohen Stellenwert 'ihrer Gruppe' [...]." (Knopp & Ott, 2002, S, 165).

Allgemein möchte ich betonen, dass

> „[...] die Stimme des Jugendlichen ins Zentrum der Aufmerksamkeit gehört, und nicht dessen Störung. Gewiss: Störungen dürfen nicht unterschätzt werden - besonders, wenn sie eine Eigendynamik entwickeln und das Umfeld in ihren Bann ziehen. Dazu hat sich in den vergangenen Jahrzehnten eine beeindruckende Menge an Wissen angereichert, und es stehen mittlerweile wissenschaftlich perfekt ausgelotete Therapieprogramme für gut definierte Störungen bereit." (Liechti, 2009, S. 19).

Vielmehr sollen die Fähig- und Fertigkeiten sowie die Ressourcen der Jugendlichen im Fokus der Arbeit und somit des Gruppenangebotes stehen. Auf Grundlage des Empowerment-Ansatzes gilt es, den Jugendlichen darin zu unterstützen, seine eigenen Potentiale zu erkennen und zu nutzen. Systemische Fragetechniken können dabei als nützliches Instrumentarium in die Arbeit eingebunden werden. Das Gruppenangebot soll ähnlich wie das für Kinder, eine Entlastung und Stabilisierung in der Wartezeit auf einen ambulanten Kinder- und Jugendlichenpsychotherapieplatz für Jugendliche bieten sowie die bevorstehende Therapie vorbereiten. Die Themen, die in den vorherigen Unterpunkten des Kapitels fünf vorgestellt wurden, können und sollten in einem Gruppenangebot für Jugendliche ebenfalls Berücksichtigung finden. Die Methoden und Techniken unterscheiden sich jedoch, da diese, wie bereits beschrieben, maßgeblich vom Alter und den Vorlieben der Zielgruppe abhängig sind.

7 Gruppenangebot für Eltern, deren Kinder auf einen ambulanten Kinder- und Jugendlichenpsychotherapieplatz warten

Anknüpfend an das vorherige Kapitel wird in diesem Kapitel mein eigenes Gruppenangebot für Eltern, deren Kinder auf einen ambulanten Kinder- und Jugendlichenpsychotherapieplatz warten, dargestellt. Wie bereits in Unterpunkt 4.1.6 benannt, äußerte ein Großteil der ProbandInnen der Studie „Der lange Weg in die ambulante Kinder- und Jugendlichenpsychotherapie", dass sie sich neben einem Gruppenangebot für ihre Kinder ein eigenes Gruppenangebot in der Wartezeit auf einen Therapieplatz wünschen. Nach eingehender Recherche und der Formulierung von Empfehlungen für die klinische Praxis[1] entschied ich mich zur Konzipierung eines Gruppenangebotes für betroffene Kinder und eines für ihre Eltern. Die Entscheidung fiel auf die Erstellung einer Sozialen Gruppenarbeit für Eltern und Kinder, da ich in diesem Bereich den größten Bedarf wahrgenommen habe.

7.1 Zielgruppe und Zielsetzung

Das Gruppenangebot richtet sich an Eltern, die derzeit auf einen ambulanten Kinder- und Jugendlichenpsychotherapieplatz für ihr Kind/ ihre Kinder warten. Ausgehend von den Wünschen und Bedürfnissen der ProbandInnen der Studie „Der lange Weg in die ambulante Kinder- und Jugendlichenpsychotherapie" hinsichtlich der Gestaltung einer Sozialen Gruppenarbeit, soll diese vorrangig einen Austausch zwischen Betroffenen ermöglichen und eine fachlich fundierte Psychoedukation zu psychiatrischen Störungsbildern im Kindes- und Jugendalter sowie gegebenenfalls auf Wunsch im Erwachsenenalter. Die Psychoedukation soll auf Grundlage der gängigen Klassifikationssysteme unter Einbezug des bio-psycho-sozialen Ansatzes erfolgen. Der Austausch der Betroffenen steht im Fokus des Gruppenangebotes. Daher obliegt die inhaltliche Ausgestaltung des

---

[1] Vgl. Kapitel 5.

Gruppenangebots maßgeblich den TeilnehmerInnen selbst. Das Gruppenangebot orientiert sich demnach an Konzepten im Rahmen der Selbsthilfe und der Selbsthilfegruppen sowie der Methode des „Elterntrainings". Die Gewichtung zwischen „Selbsthilfe" und „Elterntraining" ist von den Bedürfnissen und Wünschen der teilnehmenden Eltern abhängig. „Das Ziel von Selbsthilfegruppen ist, die persönliche Situation des einzelnen Gruppenmitglieds zu verbessern und seine sozialen Fähigkeiten zu stärken oder zu erweitern." (Moos-Hofius & Rapp, 2012, S. 9). In der Arbeit von Selbsthilfegruppen kann die Bewältigung sozialer, persönlicher oder krankheitsbedingter Belastungen als Ziel genannt werden. Die Mitglieder einer Selbsthilfegruppe haben ähnliche Schwierigkeiten und stehen in vergleichbaren Lebenssituationen, wie auch die Teilnehmer-Innen meines Gruppenangebots (ebd., 2012). Charakteristika von Elterntrainings ist die Bereitstellung von Informationen über psychische Störungen und Verhaltensauffälligkeiten von Kindern und Jugendlichen, die Auseinandersetzung und das Einüben neuer Erziehungsstrategien sowie die Reflexion eigener Gefühle. Ergebnis ist die Übertragung neu erlernter Strategien und Haltungen in den familiären Alltag (Görlitz, 2010). Die Gruppenleitung fungiert bei der Methode des „Elterntrainings" als Modell für die Eltern. Im Sinne des Selbsthilfegedankens kann die Gruppenleitung als gleichberechtigtes Mitglied der Gruppe und als Ansprechpartner beschrieben werden.

7.2 Setting und zeitlicher Rahmen

Das Gruppenangebot für Eltern, deren Kinder aktuell auf einen ambulanten Kinder- und Jugendlichenpsychotherapieplatz warten, könnte an Beratungsstellen, wie zum Beispiel an Erziehungs- und Familienberatungsstellen, angebunden werden oder aber in den Räumlichkeiten des Jugendamtes, beziehungsweise den Praxisräumen niedergelassener Kinder- und JugendlichenpsychotherapeutInnen, stattfinden. Ratsam und wünschenswert wäre die Anbindung an Praxen von Kinder- und JugendlichenpsychotherapeutInnen, da diese den Kontakt zwischen Eltern und Gruppenleitung herstellen können. Zudem würden dadurch alle Eltern erreicht werden, die Kontakt zu Kinder- und JugendlichenpsychotherapeutInnen aufnehmen und auf einen ambulanten Therapieplatz für ihr Kind warten müssen.

Die Soziale Gruppenarbeit sollte analog zur Sozialen Gruppenarbeit für Kinder auf dem Weg in die ambulante Kinder- und Jugendlichenpsychotherapie, wie in Kapitel sechs dargelegt, abgehalten werden, um Synergieeffekte nutzen zu können. Tag und Uhrzeit der Gruppensitzungen können sich unterscheiden.

Das Gruppenangebot für Eltern muss in den Abendstunden stattfinden. Um den Besuch und die Teilnahme der Gruppe möglich zu machen, beziehungsweise zu erleichtern, wäre das Angebot einer Kinderbetreuung erstrebenswert.

7.3 Kompetenzen der Gruppenleitung

An dieser Stelle wird auf die Ausführungen zum Thema „Kompetenzen der Gruppenleitung" auf Punkt 6.2.4 verwiesen.

Für die Initiierung eines Gruppenangebots für Erwachsene, deren Kinder auf einen ambulanten Kinder- und Jugendlichenpsychotherapieplatz warten, bedarf es, neben den in Punkt 6.2.4 dargestellten Kriterien, einem umfassenden Wissen bezüglich der Gruppendynamik mit Erwachsenen. Theoretisches wie praktisches Wissen im Kontext von Selbsthilfe(-bewegungen) und Konzepte im Bereich des Elterntrainings sind grundlegend.

7.4 Inhaltliche Ausgestaltung

Das Gruppenangebot für Eltern, deren Kinder auf einen ambulanten Kinder- und Jugendlichenpsychotherapieplatz warten, soll vor allem einen Austausch zwischen Betroffenen ermöglichen. Themen sollen vorrangig in der Gruppe gesammelt, besprochen und reflektiert werden. Die Gruppenleitung kann Impulse in die Gruppe eingeben und als Ansprechpartner zur Verfügung stehen. Je nach Gewichtung zwischen „Selbsthilfe" und „Elterntraining" variiert die Rolle der Gruppenleitung und die inhaltliche Ausgestaltung. Im Folgenden werden Themen und Anregungen zu möglichen Inhalten des Gruppenangebots ausgesprochen.

Eine Psychoedukation zu unterschiedlichen psychiatrischen Störungen im Kindes- und Jugendalter nach ICD-10 und DSM IV sowie nach Bedarf im Erwachsenenalter durch die Gruppenleitung halte ich für sinnvoll und wichtig. Besonders, da Ergebnisse der Studie „Der lange Weg in die ambulante Kinder- und Jugendlichenpsychotherapie" darauf verweisen, dass keine angemessen Psychoedukation durch Professionelle der Sozialen Arbeit auf dem Weg in die ambulante Therapie, beziehungsweise bis zur Warteliste, stattgefunden hat.

Einen Austausch über unterschiedliche Lebens- und Familienformen kann erfolgen. Angezeigt wäre in diesem Zusammenhang eine Auseinandersetzung zum Thema Trennung und Scheidung, da dieses - aufgrund der hohen Scheidungsraten in Deutschland - ein allgegenwärtiges Thema unserer Gesellschaft darstellt. Mit einer Trennung, beziehungsweise Scheidung, sind zudem vielfältige Veränderungen für das gesamte Familiensystem verbunden. Themen und Fragen, die sich aus dem Kontext Trennung und Scheidung ergeben, könnten innerhalb der Gruppe thematisiert werden. Vor allem, weil eine Trennung, beziehungsweise Scheidung, mit einem hohen Entwicklungsrisiko für alle Betroffenen einhergehen kann.

Das Netzwerk der unterschiedlichen Familien könnte betrachtet werden sowie existierende Grenzen und Regeln der Familie. Ressourcen könnten erkundet, gestärkt und genährt werden. Dazu bestünde die Möglichkeit, dass jeder Teilnehmer/ jede Teilnehmerin eine Ressourcenkarte des Familiensystems erstellt. Dazu werden alle Beteiligten aufgezeichnet, um diesen positive Eigenschaften zuordnen zu können. Um die Familienmitglieder wird ein Kreis gezogen. Außerhalb des Kreises werden Eigenschaften notiert, die das Familiensystem/ Teilsysteme besitzt/ besitzen. Die TeilnehmerInnen wenden bei dieser Arbeit ihren Blick auf eigene Ressourcen, Ressourcen in der Paarbeziehung, in ihrer Elternschaft und auf die ihres Kindes/ ihrer Kinder. Darüber hinaus können Ressourcen benannt werden, die das Familiensystem charakterisieren, stärken und aufrechterhalten. Dadurch entsteht ein Weg aus einer häufig vorliegenden Problemtrance. Positive Wege können daraus für die Familie und die Individuen entwickeln werden.

Die psychischen und/ oder Verhaltensprobleme der Kinder der teilnehmenden Eltern sollten in der Gruppe unter systemischen Gesichtspunkten betrachtet werden. Dabei sollte die Gruppenleitung auf den bio-psycho-sozialen Ansatz sowie dem Konzept der person-in-environment Bezug nehmen (Ningel, 2011). Dadurch kann ein Perspektivwechsel der Eltern angeregt und unterstützt werden. Krankheiten werden dann nicht länger als ausschließlich persönliche Eigenschaft des sogenannten Indexpatienten gesehen, sondern vielmehr als Symptom einer Störung im Familiensystem. Gesundheit und Krankheit kann unter Hinzuziehung des bio-psycho-sozialen Ansatzes sowie den Überlegungen zur Salutogenese nach A. Antonovsky als Kontinuum betrachtet und an die Eltern vermittelt werden (ebd., 2011).

Daran anschließend könnte das Thema Schuld besprochen und reflektiert werden. Die Mehrheit der ProbandInnen der Studie „Der lange Weg in die ambulante Kinder- und Jugendlichenpsychotherapie" gaben an, Schuldgefühle gegenüber ihrem Kind zu hegen. Die psychischen- und/ oder Verhaltensprobleme wurden häufig von den Eltern als persönliches Scheitern in Bezug auf ihre Erziehungsfähigkeit gewertet. In der Gruppe sollen mögliche irrationale Überzeugungen der TeilnehmerInnen herausgearbeitet und mit Hilfe der Methode der kognitiven Umstrukturierung verändert werden. Sie „[...] bezeichnet hauptsächlich Techniken und Methoden, die explizit auf die Veränderungen der Wahrnehmungs- und Denkprozesse sowie deren Produkte [...] gerichtet sind, um Gefühle und Verhalten zu modifizieren." (Wälte, 2012, S. 41).

Als Anker könnten die Eltern einen positiven Satz, der als Ergebnis der kognitiven Umstrukturierung gedeutet werden kann, auf eine Karte aufzeichnen und gestalten. Diese Karte kann dann beispielsweise in der Geldbörse aufbewahrt und bei Bedarf betrachten werden.

Einen Austausch zum Thema Krisenintervention würde ich ebenfalls befürworten. Die Eltern erhalten in jedem Fall einen Brief mit wichtigen Anlauf- und Beratungsstellen sowie die Telefonnummern der Notfallambulanzen der (psychiatrischen) Krankenhäuser der Region[2]. Fragen, die sich aus der Elternschaft ergeben, können ebenfalls in der Gruppe besprochen und diskutiert werden. Dazu zählt unter anderem ein Austausch über unterschiedliche Erziehungsstile und die Bedeutung von Ritualen. Dazu kann die Bearbeitung des Arbeitsblatts mit der Überschrift „Werte-Hierarchie von Erziehungszielen"[3] hilfreich und nützlich sein. Anhand des Arbeitsblattes kann ein Austausch und eine Diskussion in der Gruppe angeregt werden (Görlitz, 2010). Für zentral halte ich neben den bereits aufgeführten Themen einen Austausch zum Thema Kommunikation. Dieses Thema kann sehr ansprechend in der Elterngruppe bearbeitet werden, indem Illustrationen von V. Satir und S. von Thun gezeigt und besprochen werden. Einzelne Rollen-spiele zu konkreten Alltagssituationen können die Theorie festigen und eine Übung für die Eltern im Umgang mit ihren Kindern und anderen Menschen darstellen. Eine Übersicht über die wichtigsten Kommunikationsregeln, einfühlsame Erziehersätze[4] sowie einige Merksätze zum Thema „Loben"[5] kann die Gruppenleitung an die TeilnehmerInnen der Gruppe aushändigen (ebd., 2010).

Ein Austausch darüber, was den Gruppenmitgliedern und dem gesamten Familiensystem hilft, sich zu entspannen, ist ebenfalls bedeutsam. Die Gruppenleitung kann dazu exemplarisch einige Gegenstände, wie Badesalz, Zeitschriften, CDs, Turnschuhe, Postkarten etc., mitbringen und in der Gruppe auslegen. Die TeilnehmerInnen können dann einen passenden Gegenstand für sich selbst und einen als Stellvertreter für die Familie auswählen. Im Anschluss daran können die Eltern eine Liste erstellen, auf der sie einige Tipps und Anregungen zum

---

[2]Die Inhalte aus Kapitel 5 fließen in diesen Brief ein.
[3]Siehe Anhang.
[4]Siehe Anhang.
[5]Siehe Anhang.

Thema „Entspannung" notieren. In einem nächsten Schritt können die Mütter und Väter in einem Wochenplan einzelne Elemente ihrer Liste terminieren und dadurch in ihren Alltag integrieren.[6] Zum Abschluss dieser Sitzung kann die Gruppenleitung ein Arbeitsblatt zum Thema „Energiequellen" an die Eltern der Gruppe austeilen (ebd., 2010).[7]

Die gerade vorgestellten Themen dienen lediglich als Orientierung und Anregung für die inhaltliche Ausgestaltung der Gruppe und fokussieren das Ziel, Eltern darin zu ermutigen,

> „[...] ihrem Kind regelmäßig Zuwendung zu geben, Grenzen und Regeln zu setzen, das Kind zu loben und positiv zu verstärken. Es werden Problemlösestrategien für Alltagskonflikte erarbeitet sowie Interaktionsmuster und Beziehungsqualitäten verbessert." (Görlitz, 2010, S. 58).

Darüber hinaus soll eine Atmosphäre geschaffen werden, in der die Gruppenmitglieder sich wohl fühlen und einander vertrauen können, um eigene Potentiale entdecken und ausbauen zu können.

7.5 Reflexion und Realisierung

Neben der Reflexion der Gruppenleitung, die nach jeder Sitzung und nach Beendigung des Gruppenangebots stattfindet, wird eine differenzierte Reflexion mit den TeilnehmerInnen angestrebt. Die Gruppenleitung bittet die Eltern dazu um ein Feedback in der letzten Stunde.

Im Jahr 2008 wurden die Grundlagen zur Selbsthilfeförderung verändert. Das „Gesetz zur Stärkung des Wettbewerbs in der gesetzlichen Krankenversicherung" wurde im Paragraphen 20c SGB V festgeschrieben. Dadurch wurde mit Inkrafttreten des Gesetzes zum 01. Januar 2008 eine kassenübergreifende Gemeinschaftsförderung und eine krankenkassenindividuelle Förderung eingeführt (aok-bv.de, 2013). Im Gesetz wird zwischen Selbsthilfegruppen, Selbsthilfeorganisationen und Selbsthilfekontaktstellen unterschieden. Die Gemeinsamkeit der benannten Aspekte besteht in der Bedingung zur finanziellen Förderung. Diese schließt die Leitung einer Selbsthilfegruppe, -organisation und -kontaktstelle durch einen Professionellen des Sozial- oder Gesundheitswesens, wie Sozialarbeiter/ Sozialpädagogen aus.

---

[6]Siehe Anhang.
[7]Siehe Anhang.

8 Fazit

> „Zur Einsicht in den geringsten Teil ist die Übersicht des Ganzen nötig." (Goethe, 1971, S. 49).

Nach der Erhebung und der Auswertung der Studie „Ein langer Weg in die ambulante Kinder- und Jugendlichenpsychotherapie. Eine qualitative Elternbefragung" kann ich Johann Wolfgang von Goethe zustimmen. Die Übersicht des ganzen Weges einzelner Kinder in die ambulante Kinder- und Jugendlichenpsychotherapie brachte zum einen wichtige Erkenntnisse für die psychosoziale Praxis und zum anderen erhielten meine Kollegin und ich Einblick in die Lebenswelt von zwölf Familien. Deren Ängste, Wünsche und Hoffnungen, die sich häufig auf dem langen und unüberschaubaren Weg veränderten, wurden von den Befragten im Interview dargestellt.

In der vorliegenden Master-Thesis wurden die bedeutsamsten Ergebnisse der oben genannten Studie vorgestellt und diskutiert. In diesem Rahmen wurden zentrale Empfehlungen für die klinische Praxis ausgesprochen. Diese wurden auf unterschiedlichen Systemebenen erläutert. In Folge der geäußerten Wünsche und Bedürfnisse der StudienteilnehmerInnen hinsichtlich der Gestaltung der langen Wartezeiten auf einen ambulanten Kinder- und Jugendlichenpsychotherapieplatz entschied ich mich zur Konzipierung eines Gruppenangebots für Kinder auf dem Weg in die ambulante Kinder- und Jugendlichenpsychotherapie sowie zur Entwicklung eines Angebots für betroffene Eltern. Diese beiden Konzepte werden einem Mitarbeiter des Jugendamtes in Aachen in naher Zukunft vorgestellt. Eine mögliche Realisierung sowie die Finanzierung der Konzepte werden unter anderem in diesem Gespräch thematisiert werden. Perspektivisch wäre es wünschenswert, wenn diese beiden Gruppenangebote erprobt, gegebenenfalls modifiziert und im weiteren Verlauf evaluiert werden würden.

Die Ausführungen dieser Arbeit sollen (klinische) SozialarbeiterInnen und andere Professionelle im Sozial-, Gesundheits- und Bildungswesen ermutigen und auffordern, innovative und kreative Wege in der Arbeit mit KlientInnen zu gehen. Die Rekonstruktion in Anspruch genommener Hilfeleistungen kann in

Arbeitsfeldern der Sozialen Arbeit wichtig und notwendig sein. Man erhält Einblick in die Lebenswelt des Menschen und in seinen Alltag. Seine individuellen Überzeugungen und Einstellungen werden vor diesem Hintergrund plastischer und nachvollziehbarer. Die „Panoramatechnik" der Integrativen Therapie kann als nützliches Instrument in der Arbeit zwischen (klinischem) Sozialarbeiter und Klient eingesetzt werden.

Ferner sollen die Studienergebnisse und die von mir ausgesprochenen Empfehlungen für die klinische Praxis Berücksichtigung finden. Ich freue mich, dass ich die Möglichkeit erhalte, die Studie „Ein langer Weg in die ambulante Kinder- und Jugendlichenpsychotherapie. Eine qualitative Elternbefragung" Interessierten in der Aula der Katholischen Hochschule Nordrhein-Westfalen, Abteilung Aachen, im Juni dieses Jahres vorzustellen.

Abschließend plädiere ich für eine Neuausrichtung der Bedarfsplanung für die ambulante Kinder- und Jugendlichenpsychotherapie in Deutschland. Um eine adäquate Versorgung für psychisch kranke Kinder gewährleisten zu können, muss der Zugang zur Ausbildung zum Kinder- und Jugendlichenpsychotherapeuten auch weiterhin der Berufsgruppe der Sozialarbeiter/ Sozialpädagogen mit entsprechender Qualifikation (Master) offen stehen. Zudem müssen weitere Kassensitze in Deutschland geschaffen werden, um eine flächendeckende Versorgung von Kindern und Jugendlichen mit psychischen Auffälligkeiten und Verhaltensproblemen zu sichern. Ratsam wäre gleichsam der Ausbau sozialpsychiatrischer Praxen. Das zugrunde liegende Konzept entspricht dem zentralen Gedanken der klinischen Sozialarbeit und mündet in einem bio-psychosozialen Verständnis von Gesundheit und Krankheit. Die Berufsgruppe der Klinischen Sozialarbeiter zeichnet sich in besonderer Weise für die Arbeit in einer sozialpsychiatrischen Praxis aus. Frau Gahleitner betont, dass die Klinische Sozialarbeit Kompetenzen und Fähigkeiten besitzt, Übergänge zu gestalten und bedarfsgerechte Interventionen auf unterschiedlichen Systemebenen zu initiieren und zu evaluieren (Gahleitner & Hahn, 2012). Multiprofessionalität wird im Konzept der sozialpsychiatrischen Praxen zum konsekutiven Bestandteil und damit zu einem Qualitätskriterium. Der Hilfeprozess wird für alle Beteiligten transparent und dadurch nachvollziehbar. Somit kann der Weg in die ambulante Kinder- und Jugendlichenpsychotherapie unter Umständen verkürzt, aber in jedem Fall übersichtlicher für Betroffenen gestaltet werden.

Literaturverzeichnis

Aichinger, A. & Holl, W. (2003). Psychodrama- Gruppentherapie mit Kindern. Ostfildern: Matthias-Grünewald-Verlag.

Antons, K. (1992). Praxis der Gruppendynamik. Übungen und Techniken. Göttingen: Verlag für Psychologie.

Axline, V.M. (2002). Kinder- Spieltherapie im nicht-direktiven Verfahren. München: Ernst Reinhardt Verlag.

Bernath, K., Haug, M. & Ziegler, F. (2003). Projektmanagement: Eine Orientierung für Projekte im sozialen Bereich. Luzern: Verlag SZH.

Bernstein, S. & Lowy, L.(1982): Untersuchungen zur Sozialen Gruppenarbeit. Freiburg im Breisgau: Lambertus-Verlag.

Bertram, H., Fthenakis, W. & Hurrelmann, K. (Hrsg.) (1993). Familien: Lebensformen für Kinder. Weinheim: Beltz Verlag.

Borg-Laufs, Gahleitner & Hungerige (2012). Schwierige Situationen in Therapie und Beratung mit Kindern und Jugendlichen. Weinheim: Beltz Verlag.

Bortz, J. & Döring, N. (2006). Forschungsmethoden und Evaluation für Human- und Sozialwissenschaftler. Heidelberg: Springer Medizin Verlag.

Bundesministerium für Familie, Senioren, Frauen und Jugend. (2009). 13. Kinder- und Jugendbericht. http://www.bmfsfj.de/RedaktionBMFSFJ/Broschuerenstelle/Pdf-Anlagen/13-kinder-jugendbericht,property=pdf, bereich=bmfsfj,sprache=de,rwb=true.pdf

Bundespsychotherapeutenkammer (2013). 10 Tatsachen zur Psychotherapie. BPtK - Standpunkt. http://www.bptk.de/fileadmin/user_upload/Publikationen/BPtK-Standpunkte/10_Tatsachen_zur_Psychotherapie/ 20130412_BPtK_Standpunkt_10_Tatsachen_Psychotherapie.pdf.

Caby, F. & Caby, A. (2009). Die kleine Psychotherapeutische Schatzkiste. Tipps und Tricks für kleine und große Probleme vom Kindes- bis zum Erwachsenenalter. Basel: Borgmann Media.

Cohn, R. (1975). Von der Psychoanalyse zu themenzentrierten Interaktion. Von der Behandlung einzelner zu einer Pädagogik für alle. Stuttgart: Klett-Cotta Verlag.

Delfos, M. F. (2004). „Sag mir mal..." Gesprächsführung mit Kindern. Weinheim: Beltz Verlag.

Dudel, Menzel & Schmidt (2001). Neurowissenschaft. Vom Molekül zur Kognition. Berlin: Springer-Verlag.

Dräbing, R. (2006). Kinder brauchen Bewegung! Bewegung in der Jugendhilfe? Aachen: Meyer & Meyer Verlag.

Eidmann, F. (2009). Trauma im Kontext. Integrative Aufstellungsarbeit in der Traumatherapie. Göttingen: Vandenhoeck & Ruprecht.

Engelke, E., Borrmann, S. & Spatscheck, C. (2009). Theorien der Sozialen Arbeit. Eine Einführung. Freiburg: Lambertus-Verlag.

Fegert, Eggert & Resch (2012). Psychiatrie und Psychotherapie des Kindes- und Jugendalters. Berlin: Springer-Verlag.

Fischer, J. & Kosellek, T. (Hrsg.) (2013). Netzwerke und Soziale Arbeit. Theorien, Methoden, Anwendungen. Weinheim: Beltz Juventa.

Gahleitner, S.B. & Hahn, G. (Hrsg.) (2012). Übergänge gestalten- Lebenskrisen begleiten. Bonn: Psychiatrie Verlag.

Gahleitner, S.B. & Homfeldt, H.G. (2013). Gesundheitsbezogene Soziale Arbeit und soziale(s) Netzwerke(n). In J.Fischer & T. Kosellek (Hrsg.), Netzwerke und Soziale Arbeit. Theorien, Methoden, Anwendungen (S. 494-516). Weinheim: Beltz.

Galuske, M. (2011). Methoden der Sozialen Arbeit. Eine Einführung. Weinheim: Juventa Verlag.

Gäs-Zeh, U. (2011). Soziale Arbeit mit Gruppen. Katholische Hochschule Nordrhein-Westfalen Aachen. Unveröffentlichtes Manuskript im Fachbereich Sozialwesen.

Geilen, H. & Bahnen, H.K. (2004). Kreativ mit allen Sinnen. Ganzheitliche Methoden für die Gruppenarbeit mit Kindern und Erwachsenen. München: Kösel Verlag.

Gerspach, M. (2009). Psychoanalytische Heilpädagogik. Ein systemischer Überblick. Stuttgart: Verlag Kohlhammer.

Stuttgart: Klett-Cotta.

Glasl, F. (2011). Selbsthilfe in Konflikten. Konzepte. Übungen. Praktische Methoden. Stuttgart: Freies Geistesleben.

Goetze, H. (2013). Familien spielend helfen. Mit der Filialtherapie elterliche Ressourcen stärken. Weinheim: Beltz Juventa.

Görlitz, G. (2010). Psychotherapie für Kinder und Familien. Übungen und Materialien für die Arbeit mit Eltern und Bezugspersonen. Stuttgart: Klett-Cotta.

Grawe, K., Donati, R. & Bernauer, F. (2001). Psychotherapie im Wandel. Von der Konfession zur Profession. Göttingen: Hogrefe Verlag.

Grossmann, Klaus E. & Grossmann, K. (Hrsg.) (2003). Bindung und menschliche Entwicklung. John Bowlby, Mary Ainsworth und die Grundlagen der Bindungstheorie.

Gudjons, H. (2008). Pädagogisches Grundwissen. Bad Heilbrunn: Julius Klinkhardt.

Günter, M. & Bruns, G. (2010). Psychoanalytische Sozialarbeit. Praxis, Grundlagen, Methoden. Stuttgart: Klett-Cotta.

Hahn, G. (2003). Sozialtherapie - der Grundgedanke klinischer Sozialarbeit. Online verfügbar unter: http://www.klinische-sozialarbeit.de/download/Sozialtherapie%20-%20der%20Grundgedanke%20Klinischer%20SA%20-%20Gernot%20Hahn.pdf, zuletzt abgerufen am 03.08.2015

Hahn, G. & Hahn, S. (2012). Vom Paar zur Familie? Übergänge zur Elternschaft in postmodernen Beziehungsformen. In S.B. Gahleitner & G. Hahn (Hrsg.), Übergänge gestalten- Lebenskrisen begleiten. (S. 130-144) Bonn: Psychiatrie Verlag.

Heinemann, C. & Vor der Horst, T. (2009). Gruppenpsychotherapie mit Kindern. Ein Praxisbuch. Stuttgart: Kohlmammer.

Herriger, N. (2006). Empowerment in der Sozialen Arbeit. Eine Einführung. Stuttgart: Kohlhammer.

Hill, B., Kreling, E., Hönigschmid, C., Zink, G., Eisenstecken, E. & Grothe-Bortlik, K. (Hrsg.) (2013). Selbsthilfe und Soziale Arbeit. Das Feld neu vermessen. Weinheim: Juventa Verlag.

Ihle & Esser (2002). Epidemiologie psychischer Störungen im Kindes und Jugendalter: Prävalenz, Verlauf, Komorbidität und Geschlechtsunterschiede. http://www.psycontent.com/content/dxu7321uw00j7526/.

Jungbauer, J. (2012). Wissenschaftstheorie und Forschungsmethodik. Katholische Hochschule Nordrhein-Westfalen Aachen: Unveröffentlichtes Manuskript im Fachbereich Sozialwesen.

Jungbauer, J.(2009). Familienpsychologie. Kompakt. Weinheim: Beltz Verlag.

Kerstig, H.(1975). Kommunikationssystem Gruppensupervision. Aspekte eines Lern- und Lehrverfahrens. Freiburg im Breisgau: Lambertus-Verlag.

Kikum, J. (2011). Und was wird aus mir? Ein sozialpädagogisches Interventionskonzept für Kinder aus Trennungs- und Scheidungsfamilien. Katholische Hochschule Nordrhein-Westfalen Aachen: Unveröffentlichte Bachelorthesis im Fachbereich Sozialwesen.

Kirsten, R.E. & Müller-Schwarz, J.1988): Gruppentraining. Ein Übungsbuch mit 59 Psycho-Spielen, Trainingsaufgaben und Tests. Reinbek bei Hamburg: Rowohlt.

Knopp, M.L. & Ott, G. (2002). Total durchgeknallt. Hilfen für Kinder und Jugendliche in psychischen Krisen. Bonn: Psychiatrie-Verlag.

Krapohl, L. (1987). Erwachsenbildung. Spontaneität und Planung. Aachen: Verlag des Instituts für Beratung und Supervision.

Kreul, H. & Geisler, D. (2010). Ich und meine Gefühle. Bindlach: Loewe Verlag.

Lambers, H. (2010). Systemtheoretische Grundlagen Sozialer Arbeit. Opladen: Verlag Barbara Budrich.

Lammel, U.A. (2012). Integrative Therapie. Katholische Hochschule Nordrhein-Westfalen Aachen: Unveröffentlichtes Manuskript im Fachbereich Sozialwesen.

Lange, U., Rahn, S., Seittler, W. & Körzel, R. (Hrsg.) (2009). Steuerungsprobleme im Bildungswesen. Theorie und Empirie Lebenslangen Lernens. Wiesbaden: VS Verlag für Sozialwissenschaften.

Lefrancois (2003). Psychologie des Lernens. Berlin: Springer-Verlag.

Lemkuhl, G. & Lemkuhl, U. (Hrsg.) (1997). Scheidung-Trennung-Kindeswohl. Diagnostische, therapeutische und juristische Aspekte. Weinheim: Deutscher Studien Verlag.

Liechti, J. (2009). Dann komm ich halt, sag aber nichts. Motivierung Jugendlicher in Therapie und Beratung. Heidelberg: Carl-Auer.

Löffel, H. & Manske, C. (2010). Ein Dino zeigt Gefühle. Fühlen, Empfinden, Wahrnehmen. Bilderbuch mit didaktischem Begleitmaterial für die pädagogische Praxis. Köln: Verlag mebes & noack.

Mayring, P. (2010). Qualitative Inhaltsanalyse. Grundlagen und Techniken. Weinheim: Beltz.

Mayring, P. (2002). Einführung in die Qualitative Sozialforschung. Weinheim: Beltz.

Meis, M.S. & Mies, G.A. (Hrsg.) (2012). Künstlerisch- ästhetische Methoden in der Sozialen Arbeit. Kunst, Musik, Theater, Tanz und Neue Medien. Stuttgart: Kohlhammer.

Michel-Schwartze, B. (Hrsg.) (2009). Methodenbuch Soziale Arbeit. Basiswissen für die Praxis. Wiesbaden: VS Verlag für Sozialwissenschaften.

Minuchin, S. (1997). Familie und Familientherapie. Theorie und Praxis struktureller Familientherapie. Freiburg im Breisgau: Lambertus-Verlag.

Moik, C.H.D (2000). Ambulante Psychiatrische Versorgung für Kinder und Jugendliche in der BRD. http://www.bkjpp.de/index.php5?x=/stellungnahmen_bkjpp_2000_04.php5&

Moos-Hofius & Rapp (2012). Selbsthilfegruppen. Ein Leitfaden für die Gruppenarbeit. http://selbsthilfe-frankfurt.net/downloads/publikationen/

leitfaden_2012.pdf

Moskau, G. & Müller, G. F. (Hrsg.) (2002). Virginia Satir. Wege zum Wachstum. Ein Handbuch für die therapeutische Arbeit mit Einzelnen, Paaren, Familien und Gruppen. Paderborn: Verlag modernes lernen Borgmann.

Ningel, R. (2011). Methoden der Klinischen Sozialarbeit. Bern: Haupt Verlag.

Oerter & Montada (Hrsg.) (2008). Entwicklungspsychologie. Weinheim: Beltz.

Olmsted, M. S. (1971). Die Kleingruppe. Soziologische und sozial - psychologische Aspekte. Freiburg im Breisgau: . Lambertus-Verlag.

Petermann & Petermann (2013). Therapie-Tools. Kinder- und Jugendlichenpsychotherapie. Weinheim: Beltz.

Petzold, H., Schay, P. & Ebert, W. (Hrsg.) (2007). Integrative Suchttherapie. Theorien, Methoden, Praxis, Forschung. Wiesbaden: VS-Verlag für Sozialwissenschaften.

Petzold, H., Schay, P. & Scheiblich, W. (Hrsg.) (2006). Integrative Suchtarbeit. Innovative Modelle, Praxisstrategien und Evaluation. Wiesbaden: VS Verlag für Sozialwissenschaften.

Petzold, H. (2003). Integrative Therapie. Modelle, Theorien & Methoden einer schulenübergreifenden Psychotherapie. Paderborn: Junfermann.

Rahm, D. (2011). Gestaltberatung. Grundlagen und Praxis integrativer Beratungsarbeit. Paderborn: Junfermann.

Raithel, J., Dollinger, B. & Hörmann, G. (2009). Einführung Pädagogik. Begriffe. Strömungen. Klassiker. Fachrichtungen. Wiesbaden: VS Verlag für Sozialwissenschaften.

Reininghaus, K. (2007). Die Waltgeister zu Besuch bei Wasserfee und Feuerteufel. Katholische Hochschule Nordrhein-Westfalen Aachen: Unveröffentlichte Hausarbeit im Fachbereich Sozialwesen.

Retzlaff, R. (2010). Spiel-Räume. Lehrbuch der systemischen Therapie mit Kindern und Jugendlichen. Stuttgart: Klett-Cotta.

Ritscher, W. (2006). Einführung in die systemische Soziale Arbeit mit Familien. Heidelberg: Carl-Auer Verlag.

Romeike, G. & Imelmann, H.(Hrsg.) (1999):. Hilfen für Kinder. Konzepte und Praxiserfahrungen für Prävention, Beratung und Therapie. Weinheim: Juventa Verlag

Satir, V. (2009). Selbstwert und Kommunikation. Familientherapie für Berater und zur Selbsthilfe. Stuttgart: Klett-Cotta.

Satir, V. (2004). Kommunikation, Selbstwert, Kongruenz. Konzepte und Perspektiven familientherapeutischer Praxis. Paderborn: Junfermann Verlag.

Schermer, F. J. (2006). Lernen und Gedächtnis. Stuttgart: Kohlhammer.

Schlippe, A. & Schweitzer, J. (2007). Lehrbuch der systemischen Therapie und Beratung. Göttingen: Vandenhoeck & Ruprecht.

Schubert, F.C. (2012). Ressourcen und Ressourcenarbeit. In S.B. Gahleitner & G. Hahn (Hrsg.), Übergänge gestalten- Lebenskrisen begleiten. (S. 112-128) Bonn: Psychiatrie Verlag.

Schubert, H. (Hrsg.) (2008). Netzwerk-management. Koordination von professionellen Vernetzungen- Grundlagen und Beispiele. Wiesbaden: VS-Verlag für Sozialwissenschaften.

Seifke-Krenke (2009). Psychotherapie und Entwicklungspsychologie. Beziehungen: Herausforderungen. Ressourcen. Risiken. Heidelberg: Springer-Verlag.

Sozialgesetzbuch (2009): Bücher I-XII. München: Deutscher Taschenbuchverlag.

Stahl (2007). Dynamik in Gruppen. Handbuch der Gruppenleitung. Weinheim: Beltz Verlag.

Steiner, T. & Berg, K. (2011). Handbuch lösungsorientiertes Arbeiten mit Kindern. Heidelberg: Carl-Auer.

Trost, A. & Schwarzer, W. (Hrsg.) (2009). Psychiatrie, Psychosomatik und Psychotherapie für psycho-soziale und pädagogische Berufe. Dortmund: Borgmann.

Von Goethe, J.W. (1971). Weltliteratur und Nationalliteratur. Wiesbaden: Goethe-Gesellschaft.

Vopel, K. W. (1992). Handbuch für Gruppenleiter/innen. Hamburg: Iskopress Verlag.

Wagner, L. & Lutz, R.(Hrsg.) (2009). Internationale Perspektiven Sozialer Arbeit. Dimensionen-Themen-Organisatione. Wiesbaden: VS Verlag für Sozialwissenschaften.

Waibel, M.J. & Jakob-Krieger, C. (2009). Integrative Bewegungstherapie. Störungsspezifische und ressourcenorientierte Praxis. Stuttgart: Schattauer.

Wälte, D. (2012). Personenbezogene Ansätze in ausgewählten Feldern sozialökologischer Beratung. Hochschule Niederrhein. Unveröffentlichtes Manuskript im Fachbereich Sozialwesen.

Weinberger, S. (2007). Kindern spielend helfen. Eine personenzentrierte Lern- und Praxisanleitung. Weinheim: Juventa.

Welter-Enderlin, R.(2010). Liebe braucht Alltag. Vom Wunsch zur Wirklichkeit. Freiburg im Breisgau: Kreuz Verlag.

Winnicott (2010). Vom Spiel zur Kreativität. Stuttgart: Klett-Cotta.

Wohlfahrt, N. & Breitkopf, H. (1995). Selbsthilfegruppen und Soziale Arbeit. Eine Einführung für soziale Berufe. Freiburg im Breisgau: Lambertus.

Zimmermann, A. (2011). Kooperationen erfolgreich gestalten. Konzepte und Instrumente für Berater und Entscheider. Stuttgart: Schäffer-Poeschel.

Zeitschriften

Berg, M., Düvel, J., Kahl, Y. & Jungbauer, J. (2011). Kinder- und Jugendlichenpsychotherapeuten in Ausbildung: Ergebnisse einer repräsentativen Befragung an zwölf Ausbildungsinstituten in Nordrhein-Westfalen. Psychotherapeutenjournal, 10 (3), 260-267.http://www.katho-nrw.de/katho-nrw/forschung-entwicklung/ institute-der-katho-nrw/igsp/igsp-aachen/abgeschlossene-forschungsprojekte /kinder-und-jugendlichenpsychotherapeuten-in-ausbildung/.

Foreman, D.M. & Hanna, M. (2000). How long can a waiting list be? The impact of waiting time on Intention to attend child and adolescent psychiatric clinics. Psychiatric Bulletin, 24, 211-213.

Issakidis, C. & Andrews, G. (2004). Pretreatment attrition and dropout in an outpatient clinic for anxiety disorders. Acta Psychiatr Scand, 109, 426-433.

Robert-Koch-Institut (2008). Psychotherapeutische Versorgung. Gesundheitsberichterstattung des Bundes, 41.

Manthe-Schonig, D.(1996). Wenn Kinder in der Schule träumen. Kinderanalyse, 3, 307-325.

Niesel, R. (1995). Erleben und Bewältigung elterlicher Konflikte durch Kinder. Familiendynamik 20, 2, 155-169.

Wiesmann, U., Krause, C.& Hannich, H.J. (2004). Selbstwertgefühl und Wohlbefinden im Grundschulalter. Psychomed, 3, 159-172.

Internetquellen

http://www.aerzteblatt.de/archiv/55205/Recherche-zu-hyperkinetischen-Stoerungen-Haeufigste-psychische-Stoerung-bei-Kindern (Zugriff am 05.04.2013).

http://www.aerzteblatt.de/pdf.asp?id=37647 (Zugriff am 01.05.2013).

http://www.aerztezeitung.de/medizin/krankheiten/neuro-psychiatrische_krankheiten/article/536671/psychische-stoerungen-zaehlen-haeufigsten-krankheiten-kindern.html (Zugriff am 28.04.2013).

http://www.aok-bv.de/imperia/md/aokbv/gesundheit/selbshilfe/leitfaden_2009_03_einzelseiten_9515.pdf (Zugriff am 19.05.2013).

http://www.aok-bv.de/gesundheit/selbsthilfe/index_09152.html (Zugriff am 19.05.2013).

http://www.beliebte-vornamen.de/jahrgang/j2012 (Zugriff am 28.04.2013).

http://www.bella-study.org/new-version/was-sind-die-hauptergebnisse-der-bella-studie/ (Zugriff am 01.02.2013).

http://www.bptk.de/aktuell/einzelseite/artikel/bptk-rund-4.html (Zugriff am 07.05.2013).

http://www.bptk.de/publikationen/bptk-standpunkt.html (Zugriff am 07.05.2013).

http://www.buendnis-depression.de/depression/symptome-juengere-schulkinder.php (Zugriff am 20.04.2013).

http://www.bundesaerztekammer.de/page.asp?his=0.7.47.3161.3163.3164 (Zugriff am 2.04. 2013).

https://www.destatis.de/DE/PresseService/Presse/Pressemitteilungen/2012/07/PD12_241_12631.html (Zugriff am 10.04.2013).

http://www.eccsw.com/download/klinsa_special_2006.pdf (Zugriff am 03.05.2013).

https://www.familienhandbuch.de/gesundheit/krankheiten-von-kindern-und-jugendlichen/psychosomatische-storungen-bei-kindern-und-jugendlichen (Zugriff am 17.05.2013).

http://www.deposit.fernuni-hagen.de/

http://www.gbe-bund.de/gbe10/abrechnung.prc_abr_test_logon?p_uid=gasts&p_aid=&p_knoten=FID&p_sprache=D&p_suchstring=11616:: Selbstmord (Zugriff am 08.05.2013).

http://www.institut-berlin.de/fileadmin/user_upload/institut-berlin/Downloads/Stabilisierung/Regentag-Brief.pdf (Zugriff am 13.05.2013).

http://www.integrativetherapie-schweiz.ch/uploads/Texte/Texte_Vortraege_Schmerz_MJunghaeni.pdf (Zugriff am 22.05.2013).

http://www.katho-nrw.de/katho-nrw/forschung-entwicklung/institute-der-katho-nrw/igsp/igsp-aachen/abgeschlossene-forschungsprojekte/kinder-und-jugendlichenpsychotherapeuten-in-ausbildung/ (Zugriff am 05.05.2013).

http://www.kbv.de/rechtsquellen/2279.html (Zugriff am 22.05.2013).

http://www.kiggs-studie.de/deutsch/studie.html (Zugriff am 05.05.2013).

http://www.kinderschutz-zentrum-berlin.de/ (Zugriff am 03.03.2013).

http://www.kvno.de/10praxis/50qualitaet/20leistungen_a-z/sozialpsychiatrie/index.html (Zugriff am 22.05.2013).

http://www.n-tv.de/wissen/Deutliche-Unterversorgung-article58950.html (Zugriff am 22.05.2013).

http://www.psychologieundgesundheit.de/ (Zugriff am 10.04.2013).

http://www.psycontent.com/content/dxu7321uw00j7526/ (Zugriff am 10.04.2013).

http://www.rki.de/DE/Content/Gesundheitsmonitoring/Gesundheitsberichterstattung/GesInDtld/GesInDtld_node.html;jsessionid=521E07A9B5F04217B79BEE1B127527C9.2_cid372 (Zugriff am 12.05.2013).

http://selbsthilfe-frankfurt.net/downloads/publikationen/leitfaden_2012.pdf (Zugriff am 19.05.2013).

http://www.staedteregion-aachen.de/wps/portal/internet/home/startseite/!ut/p/c5/04_SB8K8xLLM9MSSzPy8xBz9CP0os_gADxNHQ09_A0sLYzdHA08LC7cA70BTI2cTY_1wkA6cKkwMTCDyBjiAo4G-n0d-bqp-QXZ2mqOjoiIAUJ27kA!!/dl3/d3/L2dBISEvZ0FBIS9nQSEh/ (Zugriff am 20.01.2013).

http://www.swr.de/report/presse/-/id=1197424/nid=1197424/did=10493666/1mj1kcv/index.html (Zugriff am 22.03.2013).

http://www.welt.de/gesundheit/article109211584/Jedes-fuenfte-Kind-mit-psychischen-Auffaelligkeiten.html (Zugriff am 01.02.2013).

Anhangsverzeichnis

1. Interviewleitfaden
2. Anschreiben an die Kinder- und JugendlichenpsychotherapeutInnen
3. Einverständniserklärung
4. Zusammenfassung eines Interviews der Studie „Der lange Weg in die ambulante Kinder- und Jugendlichenpsychotherapie. Eine qualitative Elternbefragung."
5. Ich bin Lisa
6. Ich bin Leon
7. Ich bin Tim
8. Ich bin Emma
9. „Dino-Gefühlsuhr"
10. Lisas Netzwerkkarte
11. Emmas Ressourcenkarte
12. Tims „Comic-Therapie"
13. Gefühls-Memory
14. Auswertungsfragebogen „Wegweiser"
15. Werte-Hierarchie von Erziehungszielen (Görlitz, 2010, S. 41)
16. Einfühlsame Erziehersätze (Görlitz, 2010, S. 123)
17. Richtig Loben (ebd., 2010, S. 140)
18. Wochenplan - Elternzeit (ebd., 2010, S. 110)
19. Energiequellen (ebd., 2010, S. 118)

1. Interviewleitfaden

„Belastungen und Ressourcen auf dem Weg in die ambulante Kinder- und Jugendlichenpsychotherapie"

1. **Auftreten bzw. Gewahrwerden der psychischen Auffälligkeiten und/ oder Verhaltensprobleme**
    a) Wann sind die Probleme zum ersten Mal aufgetreten?
    b) Wie haben sie diese geäußert?
    c) Wie hat sich das Problem entwickelt?
    d) Welche Auswirkungen gab es auf das Familiensystem?
    e) Haben Sie eine Erklärung? Sehen Sie einen Zusammenhang zu äußeren Veränderungen?
    f) Erste Psychoedukation?

2. **Copingstrategien der Eltern/ des Kindes**
    a) Wie sind Sie damit umgegangen?
    b) Was hat Ihnen geholfen bzw. was hätte Ihnen geholfen?
    c) Wo sind Sie an ihre Grenzen gekommen?

3. **Wahrnehmung und Entwicklung des eigenen Informations- und Handlungsbedarfs**
    a) Gab es Unterstützung aus Ihrem sozialen Netzwerk?
    b) Haben Sie professionelle Hilfe in Anspruch genommen?
    c) Kontaktaufnahme zu welchen Hilfeinstanzen?
    d) Was hat geholfen? Was hätte geholfen?
    e) Gab es Hemmungen, Hilfebedarf anzuerkennen/ Hilfe in Anspruch zu nehmen?

4. **Entscheidung/ Überweisung ambulante Kinder- und Jugendlichenpsychotherapie**
    a) Wie sind Sie auf eine ambulante Kinder- und Jugendlichenpsychotherapie gekommen?

b) Mit welchen Erwartungen/ Hoffnungen/ Befürchtungen/ Hemmungen?

5. **Kontaktaufnahme/ Erstgespräch**

    a) Wie war der erste Kontakt? Mit wem?

    b) Wann haben Sie eine erste Rückmeldung erhalten?

    c) Zeitlicher Abstand von der ersten Kontaktaufnahme bis zum Erstgespräch und bis zum Beginn der Therapie

6. **Wartezeit**

    a) Wie haben Sie die Wartezeit erlebt? Wie erleben Sie diese?

    b) Wie lange war die Wartezeit?

    c) Was hat/ hätte geholfen, die Wartezeit zu überbrücken?

7. **Erwartungen an die ambulante Kinder- und Jugendlichenpsychotherapie**

    a) Welche Erwartungen/ Hoffnungen/ Ängste haben Sie?

    b) Wie wichtig ist es Ihnen, in die Therapie einbezogen zu werden?

    c) Was müsste passieren, damit Sie sagen, die Therapie war/ ist erfolgreich?

2. Anschreiben an die Kinder- und JugendlichenpsychotherapeutInnen

„Belastungen und Ressourcen auf dem Weg in die ambulante Kinder- und Jugendlichenpsychotherapie. Eine qualitative Elternbefragung."

Sehr geehrte Damen und Herren,

im Rahmen eines studienintegrierten Forschungsprojekts der Katholischen Hochschule NRW in Aachen möchten wir qualitative Interviews mit Eltern führen, deren Kind sich bei Ihnen aktuell in psychotherapeutischer Behandlung befindet, beziehungsweise auf einen Therapieplatz bei Ihnen wartet.

Innerhalb der Interviews sollen einzelne Wegetappen in die ambulante Kinder- und Jugendlichenpsychotherapie nachgezeichnet werden und die damit verbundenen individuellen Belastungen sowie Ressourcen des jeweiligen Familiensystems erhoben werden. Aus den Ergebnissen wollen wir u.a. Empfehlungen für entlastende Unterstützungsmaßnahmen ableiten.

Selbstverständlich erfolgt die Datenauswertung anonym unter strikter Beachtung der rechtlichen Datenschutzbestimmungen.

Projektmitarbeiterinnen sind Frau Jennifer Kikum (Sozialarbeiterin/ Sozialpädagogin B.A.) und Frau Jasmin Rischmüller (Sozialarbeiterin/ Sozialpädagogin B.A.), die beide derzeit im Masterstudiengang „Klinisch- therapeutische Soziale Arbeit" an der Katholischen Hochschule NRW in Aachen studieren.

Wir bitten Sie ganz herzlich um Ihre Unterstützung und würden uns über eine kurze Rückmeldung per Email an jennifer-kikum@web.de freuen.

Weitere Informationen entnehmen Sie bitte der beiliegenden Projektskizze.

Mit freundlichen Grüßen

Jennifer Kikum
(Projektmitarbeiterin)

Prof. Dr. Johannes Jungbauer
(Projektleiter)

3. Einverständniserklärung

Einverständniserklärung

Zur Teilnahme an der Studie:
„Belastungen und Ressourcen auf dem Weg in die ambulante Kinder- und Jugendlichenpsychotherapie. Eine qualitative Elternbefragung."

Name: _____

Vorname: _____

Ich bin über Inhalt und Zweck der Interviewerhebung „Belastungen und Ressourcen auf dem Weg in die ambulante Kinder- und Jugendlichen-psychotherapie. Eine qualitative Elternbefragung" informiert worden. Zu diesem Zweck habe ich ein Informationsschreiben erhalten.

Mir wurde versichert, dass keine personenbezogenen Angaben (Name, Geburtsdatum, Adresse oder sonstige Angaben, die Rückschlüsse auf meine Person zulassen) an Dritte weitergegeben werden und die in der Studie erhobenen personenbezogenen Daten gelöscht werden, sobald sie für die weitere wissenschaftliche Auswertung nicht mehr erforderlich sind.

Ich möchte die Studie durch meine Beteiligung unterstützen und bin dazu bereit am Interview teilzunehmen.

Ich bin damit einverstanden, dass das Gespräch auf Tonband aufgenommen, abgetippt, pseudonymisiert, ausgewertet und anonymisiert veröffentlicht wird.

Datum/ Unterschrift: _____

4. Zusammenfassung eines Interviews der Studie „Der lange Weg in die ambulante Kinder- und Jugendlichenpsychotherapie. Eine qualitative Elternbefragung."

> „Wir haben irgendwann nicht mehr daran geglaubt, dass Veränderung möglich ist."

Hintergrund:
S. ist zwölf Jahre alt und macht seit drei Monaten eine ambulante verhaltenstherapeutische Kinder- und Jugendlichenpsychotherapie. Die Eltern sind seit knapp sieben Jahren **geschieden**. S. war zu diesem Zeitpunkt fünf Jahre alt. S. lebte bis vor wenigen Monaten bei der Mutter, zog dann zum leiblichen Vater. Als Grund dafür benannte Ss. Mutter Schwierigkeiten zwischen S. und ihrem neuen Lebensgefährten. Seit der Trennung bestand bis zum Einzug von S. kaum Kontakt zwischen S. und dem leiblichen Vater. Ss. Eltern nahmen vor der Trennung eine Paarberatung in einer Erziehungs- und Familienberatungsstelle in Anspruch. Die Mutter schilderte, dass diese maßgeblich zur Trennung und späteren Scheidung beigetragen habe.

Problematik:
> „Mein Kind war schon immer anders. Dies fiel mit besonders im Alter von drei Jahren auf. S. war den Kindern in seinem Alter immer um einiges voraus. Er konnte immer alles schneller und besser. Er war dadurch auch schnell gelangweilt und genervt. Im Grunde musste alles so kommen wie es gekommen ist. Niemand hat verstanden, dass S. ein Genie ist."

In der **Kindertagesstätte** fiel es S. schwer, Kontakt zu anderen Kindern aufzubauen. Er war nach den Schilderungen der Mutter, die diese von den immer ein Einzelgänger. S. ist ein wissbegieriger Junge. „Er wollte die Dinge immer ganz genau wissen. Er hat einem quasi ein Loch in den Bauch gefragt." Die ErzieherInnen und später die LehrerInnen waren davon häufig „genervt" und fühlten sich nach Aussage der Mutter in ihrer Position nicht genügend wertgeschätzt. Einige LehrerInnen empfanden S. als neunmalklug und aufsässig. Mit fünf Jahren wechselte S. die Kindertagesstätte, da er mit seiner Mutter aufgrund der Trennung vom Vater umzog. S. verbrachte in dieser Kindertagesstätte zwei Jahre. Auch dort fiel es S. schwer, Kontakt zu anderen Kindern aufzubauen. „Er war im Grunde immer alleine, er wurde nie auf Geburtstage oder so eingeladen." Immer häufiger fiel S. durch aggressives Verhalten auf. Im Vorschulunterricht wurde er häufig verwarnt, da er die Antworten laut in die Klasse rief. Dies führte schließlich dazu, dass er von den Erzieherinnen des Raumes verwiesen wurde oder aber während der Unterrichtsstunden ignoriert wurde. Da S. keine sozialen Kontakte hatte und sich im Umgang mit anderen Kindern wenig positiv zeigte, wurde S. ein Jahr später als gewöhnlich in die Grundschule eingeschult. Die ErzieherInnen und die Mutter wollten S. die Möglichkeit geben, in einem weiteren Jahr in der Kindertagesstätte Kontakte zu knüpfen und einen positiveren sozialen Umgang zu erlernen. „Aufgrund des Umzuges und der Trennung von seinem Papa hatte er es ja auch schwer." Die Schwierigkeiten, die S. in der Grundschule hatte, blieben auch später in der weiterführenden Schule bestehen. „S. wurde immer mehr zum Eigenbrödler. Auch Zuhause war er immer in seinem Zimmer. Bei der kleinsten Sache rastete er in der Schule und auch Zuhause aus." In der fünften Klasse eskalierte die Situation in der Schule. S. verletzte einen Mitschüler in einem Streit physisch so schwer, dass dieser mit einer gebrochenen Nase in ein Krankenhaus eingeliefert wurde. S. wurde für drei Wochen von der Schule suspendiert. In diesem Zeitraum fanden mehrere Gespräche zwischen Ss. Mutter und der **Schulsozialarbeiterin** statt. Auf Anraten der Schulsozialarbeiterin und der Klassenlehrerin nahm die Mutter Kontakt zu niedergelassenen Kinder- und JugendlichenpsychotherapeutInnen auf.

> „Ich wollte, dass S. sich bei dem Jungen entschuldigt und sich in seine Lage versetzt. S. war dazu absolut nicht in der Lage. Ich hatte das Gefühl, völlig versagt zu haben. Mein Kind verletzt ein anderes, ohne jegliche Emotion und Einfühlungsvermögen- es musste schnell etwas passieren."

Die Mutter ließ S. auf mehrere **Wartelisten** bei niedergelassenen Kinder- und JugendlichenpsychotherapeutInnen schreiben. Keiner der kontaktieren TherapeutInnen konnte eine Aussage zur Wartezeit machen. Manche sprachen von wenigen Monaten, andere von mehr als einem Jahr.

> „Weil ich psychisch total am Ende war, zog mein Freund bei uns ein. Ich wusste, dass S. ihn nicht wirklich gut leiden kann, aber ich habe da einfach auch einmal an mich gedacht."

Wenige Wochen danach eskalierte es Zuhause. S. ging im Streit auf den Stiefvater los. S. trat diesen und spuckte der Mutter ins Gesicht. „Immer wieder schrie er, dass er uns hasst und sich wünscht, dass wir alle sterben." Die Mutter fährt S. daraufhin in die **Kinder- und Jugendpsychiatrie**. S. wurde dort für einen Zeitraum von drei Wochen stationär aufgenommen. Es fand ein Abschlussgespräch mit der Mutter, S. und den behandelnden Ärzten und PsychologInnen statt. Die MitarbeiterInnen der Kinder- und Jugendpsychiatrie rieten der Mutter ebenfalls zur Aufnahme einer ambulanten Therapie für S., in der dieser sich mit seinen Aggressionen auseinandersetzen sollte. In der Kinder- und Jugendpsychiatrie wurde zudem eine Hochbegabung diagnostiziert.

> „Seine Intelligenz war immer nur ein Fluch. Die Ärzte sprachen darüber, als sei dies ein Segen. Ich konnte das damals so überhaupt nicht annehmen. Eine Hochbegabung- Was das genau bedeutet und welche Veränderungen damit verbunden sind, konnte ich nicht einschätzen. Niemand hat mich aufgeklärt oder aber Informationen weitergegeben."

Nach weiteren vier Monaten erhielt S. einen ambulanten Psychotherapieplatz.

Aktuell:
S. befindet sich seit wenigen Wochen in psychotherapeutischer Behandlung. Kurz nach der Entlassung aus der Kinder- und Jugendpsychiatrie zog S. zu seinem leiblichen Vater. Die Konflikte zwischen S. und seinem Stiefvater ein Zusammenleben zum jetzigen Zeitpunkt für alle Betroffenen unmöglich erscheint. Jedes zweite Wochenende verbringt S. mit seiner Mutter. Der Stiefvater zieht an diesen Wochenenden zu einem Freund. Dies entlastet nach Aussagen der Mutter die Beziehung zwischen ihr und S. enorm.

> „Der Auszug und der parallele Beginn der Therapie stellt für S. und mich einen Neuanfang auf allen Ebenen dar. Er hat Raum und Zeit zur Ruhe zu kommen und ich auch endlich."

Belastungen:
> „S. war in seiner Entwicklung aufgrund seiner Hochbegabung seinem Alter immer voraus. Dies führte zu einer erheblichen Unterforderung in der Kindertagesstätte und später in der Schule."

Die Trennung der Eltern und der Kontaktabbruch zum leiblichen Vater können für S. und dessen Entwicklung als negativ bewertet werden.

> „Ihm fiel nach der Trennung und dem plötzlichen Kontaktabbruch zum Vater das Vertrauen in die Menschen."

Ressourcen/ Soziales Netzwerk:
Bis zum Einzug des Lebensgefährten der Mutter kann die Mutter als Ressource für S. gesehen werden. S. vertraute sich seiner Mutter bei Schwierigkeiten und Enttäuschungen an. Eine gute Freundin der Mutter kann als Ressource für S. Mutter benannt werden. „Ich konnte dort immer alles rauslassen. Sie war immer eine Freundin mit offenem Ohr. Mein Lebensgefährte war ebenfalls eine Stütze."

Entscheidung ambulante Kinder- und Jugendlichenpsychotherapie:
Ss. Klassenlehrerin und ihre Schulsozialarbeiterin rieten der Mutter zur Aufnahme einer ambulanten Kinder- und Jugendlichenpsychotherapie für S. Eine weitergehende Beratung sowie die Überweisung zu anderen Hilfs- und Unterstützungsangeboten fanden nicht statt. Die zuständigen MitarbeiterInnen der Kinder- und Jugendpsychiatrie rieten der Mutter ebenfalls zur Aufnahme einer ambulanten Kinder- und Jugendlichenpsychotherapie für ihren Sohn. Die MitarbeiterInnen berieten und unterstützten die Mutter ebenfalls nicht bei der Suche nach einer/ einem Therapeutin/ Therapeuten oder anderen Unterstützungsmöglichkeiten in der Wartezeit.

Ambulante Kinder- und Jugendlichenpsychotherapie (VT/ AT):
Ss. Mutter sind die unterschiedlichen Verfahren in der Kinder- und Jugendlichenpsychotherapie nicht bekannt. S. hat eine verhaltenstherapeutische Kinder- und Jugendlichenpsychotherapie begonnen, weil er nur dort einen Therapieplatz erhalten hat. Die MitarbeiterInnen der Kinder- und Jugendpsychiatrie haben keine Beratung hinsichtlich der unterschiedlichen Therapieverfahren durchgeführt und zu entsprechenden Hilfs- und Unterstützungsangeboten vermittelt.

Erwartungen an die ambulante Kinder- und Jugendlichenpsychotherapie:
„Ich hoffe, dass S. lernt, seine Gefühle anders auszudrücken als durch aggressives Verhalten. Außerdem soll er erfahren, dass seine Intelligenz nicht länger eine Qual sein muss, sondern dass er etwas aus dem machen kann."

Elternarbeit:
Die Mutter wünscht sich über den Verlauf der Therapie informiert zu werden.

„Das ist mir schon wichtig, schließlich habe ich meinen Sohn ja all´ die Jahre durch den ganzen Schlamassel begleitet. Er wohnt ja jetzt bei seinem Vater. Der Kontakt soll ja nicht ganz abbrechen und sich nur auf die wenigen Besuche beschränken. Ich hab da ja auch ein Recht drauf, bin ja seine Mama."

Psychische Belastung der Eltern(-teile):
Die Mutter benennt im Interview, dass sie selber viele Probleme hat und die Scheidung von ihrem Mann nicht verarbeitet hat. Sie beschreibt sich selbst als „psychisch angeschlagen".

Wartezeit:
„Die Wartezeit war schrecklich. Wir haben irgendwann nicht mehr daran geglaubt, dass Veränderung möglich ist. Ich hab' gedacht, es würde nie besser werden. Es bleibt alles so wie es ist. Niemand konnte mir sagen, wann S. endlich eine Therapie machen kann. Ich hatte in dieser Zeit wahnsinnige Ängste. Es haben ja auch um uns herum alle darauf gedrängt, dass S. eine Psychotherapie beginnt. Die Schule hat nur zugestimmt, dass S. wieder in seine Klasse geht, wenn er eine Therapie macht. Ich musste immer wieder berichten, dass es Wartelisten gibt und ich nicht weiß, wann er einen Platz bekommt. Ich hab' sehr oft bei den TherapeutInnen angerufen und nachgefragt- fast wie ein Bittsteller."

Die Wartezeit betrug insgesamt acht Monate.

Was hätte geholfen, die Wartezeit zu überbrücken?
„Ich hätte gerne mit anderen Eltern gesprochen, deren Kind ähnliche Probleme hat. Ich hab' mich gefühlt wie eine Außerirdische. Bei meinen Bekannten läuft immer alles nach Plan - wir waren da die Ausnahme. Eine Elterngruppe hätte ich toll gefunden. Da kann man sich austauschen und voneinander lernen. Für S. hätte ich mir eine Bezugsperson gewünscht. Jemand, der mit ihm redet und für ihn da ist. Vielleicht ein Kind, das auch eine Therapie macht oder machen muss. [...] Eine Gruppe wäre natürlich ideal. S. würde dann mehr Kontakt zu Gleichaltrigen bekommen und hätte sowohl Kinder als auch 'ne Fachperson als Ansprechpartner. In so einer Gruppe könnte er auch lernen, was mit ihm los ist und wie er sich verhalten kann. In so einer Gruppe könnte er was lernen und Spaß haben. Das würde uns gefallen."

5. Ich bin Lisa

© Jennifer Kikum

6. Ich bin Leon

© Jennifer Kikum

7. Ich bin Tim

© Jennifer Kikum

8. Ich bin Emma

© Jennifer Kikum

9. „Dino-Gefühlsuhr"

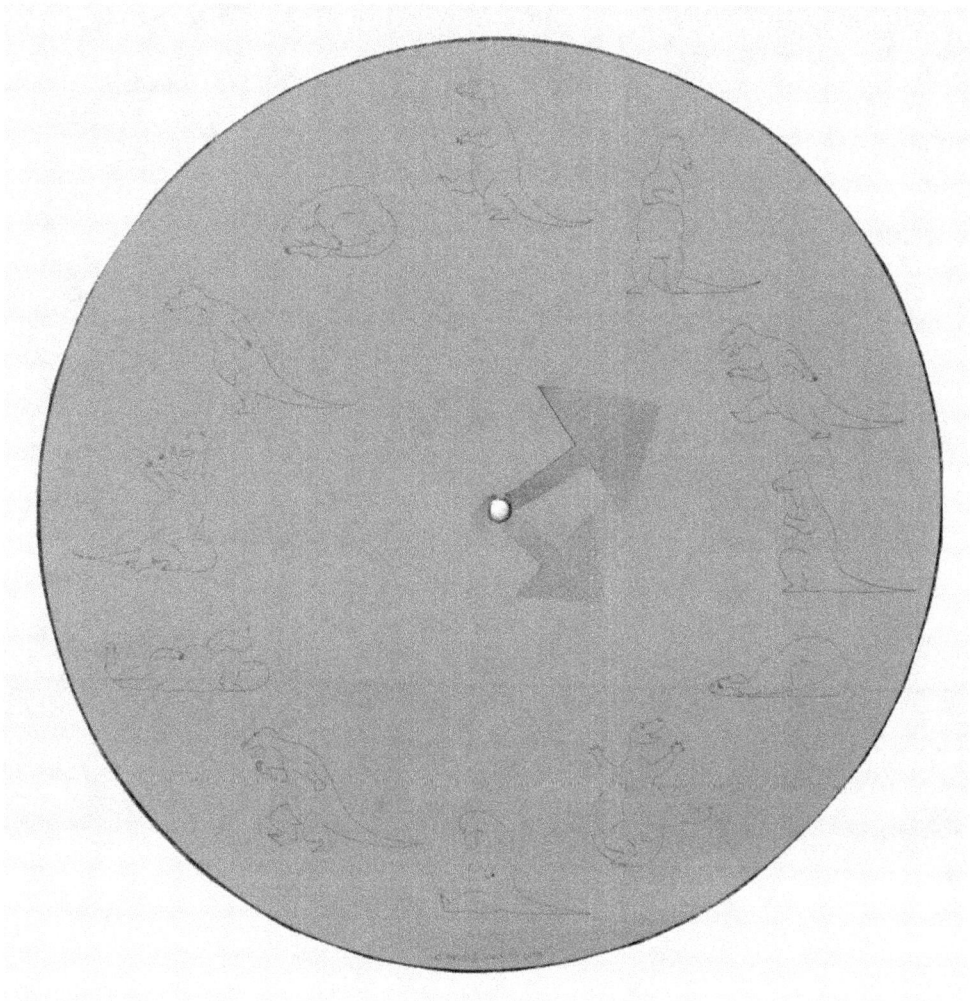

10. Lisas Netzwerkkarte

Freunde
Emma, Leon, Lisa, Suzanne, Moritz, Arne, Annika, Tom, Tim, Max, Jaqueline

Familie
Oma, Opa, Mama, Tante Eva, Onkel Max, Papa

Schule
Frau Mauer, Annika, Melanie, Lisa, Tom, Max, Herr Schmidt, Arne

Vereine
Trainer Klaus/Anna, Moritz, Tom, Suzanne, Jaqueline, Tim, Paul

11. Emmas Ressourcenkarte

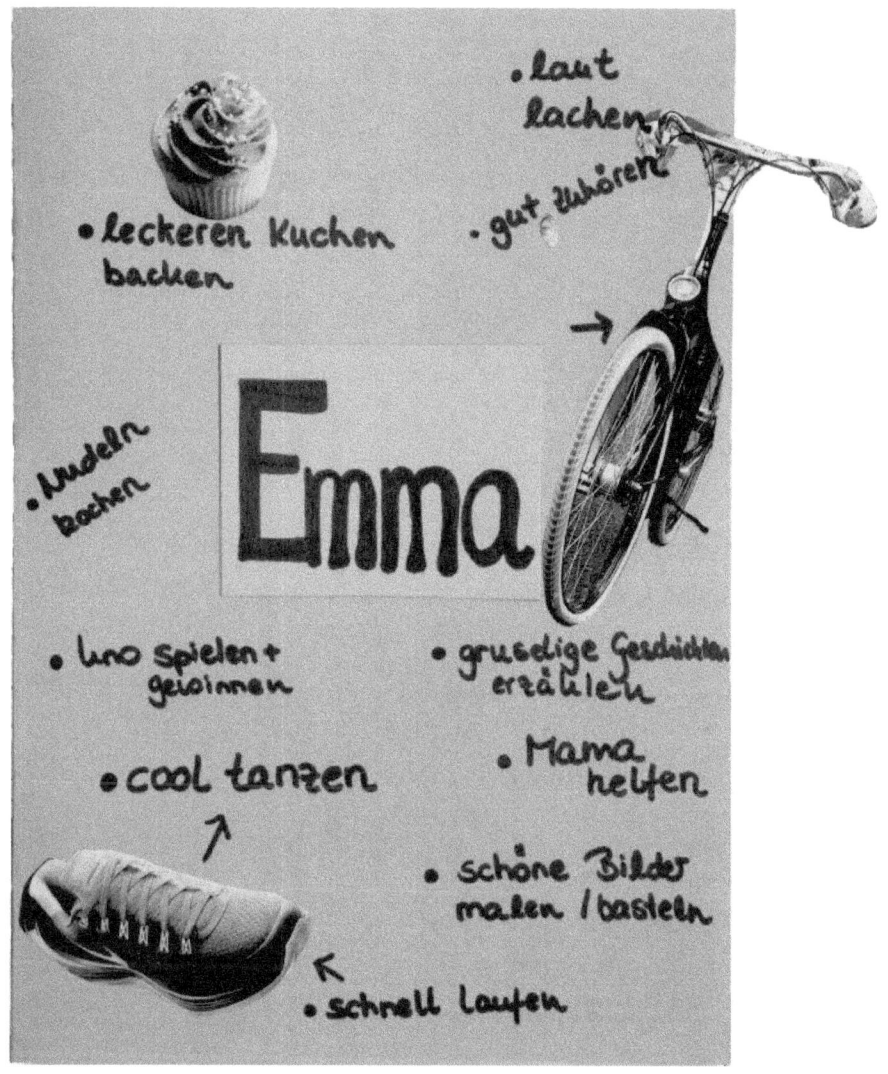

12. Tims „Comic-Therapie"

(Caby & Caby, 2009, S. 101)

13. „Gefühls-Memory"

(Quelle unbekannt)

14. Auswertungsfragebogen „Wegweiser"

© Jennifer Kikum

Liebe(r) _____, das Gruppenangebot ist nun fast beendet und du kannst sehr stolz darauf sein, was du in den letzten Monaten für dich erarbeitet hast. Gemeinsam mit dir möchte ich überlegen, was sich seit der Teilnahme an der Kindergruppe verändert hat und welche Ziele du in Zukunft verfolgst.

1.) War es schön, in der Gruppe Kinder kennen zu lernen, denen es ähnlich wie dir geht?

2.) Hast du dich in der Gruppe akzeptiert und gut aufgehoben gefühlt?

3.) Hattest du Kontakt zu anderen Kindern aus der Gruppe?

4.) Hat dir die Teilnahme am Gruppentraining geholfen, zu verstehen, warum du bald eine ambulante Kinder- und Jugendlichenpsycho-therapie beginnen sollst?

5.) Kannst du nun, nach der Teilnahme an der Gruppe beschreiben, was dir manchmal Probleme bereitet und was der Grund zur Teilnahme an der Gruppe war?

6.) Mit welchem Gefühl wirst du die Therapie beginnen? Welches Bild passt am besten dazu?

7.) Gefühle sind manchmal ganz schön schwer auszudrücken! Lisas Katze 'Matze´ und Emma haben uns gezeigt, mit welchen Tipps und Tricks dies einfacher geht. Nutzt du die Gefühlsuhr, um über deine Gefühle nachzudenken? Kannst du nun besser über deine Gefühle sprechen?

8.) Du hast in der Gruppe Tim, Leon, Emma und Lisa kennen gelernt. Ähnelst du einem dieser vier Kinder?

9.) Glaubst du, dass dir dein Regentag-Brief und deine Schatzkiste in Momenten, in denen du zum Beispiel traurig bist, helfen können?

10.) Hat dir die Gruppe gezeigt, dass alle Menschen verschieden sind und es nichts Ungewöhnliches und Schlimmes ist, eine Therapie zu machen?

11.) Glaubst du nun, dass es viele Menschen gibt, die dich lieb haben und du ein tolles Kind bist?

15. Werte-Hierarchie von Erziehungszielen

Erziehung ist von bestimmten Wertvorstellungen geprägt. Dies geschieht meist durch Vorbildverhalten und Erziehungsanweisungen. Erstellen Sie bitte im Folgenden eine Rangreihe Ihrer sieben wichtigsten Wertvorstellungen, die Sie in der Erziehung verfolgen, und tragen Sie entsprechende persönliche Beispielsituationen ein.

Wertvorstellungen	Eltern als Vorbild	Vermittlung
Akzeptanz		
Bescheidenheit		
Ehrlichkeit		
Einfühlungsvermögen		
Fairness		
Fleiß		
Freundlichkeit		
Geduld		
Gerechtigkeit		
Höflichkeit		
Leistungsbereitschaft		
Lernbereitschaft		
Nächstenliebe		
Offenheit		
Ordentlichkeit		
Pflichtbewusstsein		
Pünktlichkeit		
Rücksichtnahme		
Soziales Engagement		
Taktgefühl		
Toleranz		
Umweltbewusstsein		
Verantwortungsgefühl		
Verständnis		
Zuverlässigkeit		

(Görlitz, 2010, S. 41)

16. Einfühlsame Erziehersätze

Kinder verinnerlichen die Sätze ihrer Eltern. Diese Sätze geben ihnen ein Gerüst für ihr Leben bis hinein ins Erwachsenenalter mit.
Im Folgenden erhalten Sie eine Anregung für hilfreiche und unterstützende Eltern- und Erziehersätze.

1. Ich habe dich lieb
2. Das kann jedem passieren
3. Ich kann dich gut verstehen
4. Mit dir habe ich ganz großes Glück
5. Es ist ganz normal
6. Heute hast du es verdient, dich auszuruhen
7. Lass es uns gemütlich machen
8. Wenn du magst, dann sprich mit mir über dein Problem
9. Lass dir Zeit
10. Jeder Mensch hat Fehler und Schwächen, genauso wie du und ich
11. Ich vertraue dir und deinen Fähigkeiten
12. Ich bin stolz auf dich
13. Du bist nicht allein, du hast doch mich
14. Du bist fleißig, hübsch, lieb usw.
15. Komm her und lass dich trösten
16. Wenn wir alle zusammenhelfen, dann geht es schneller
17. Was ist denn deine Meinung zu diesem Thema?
18. Komm zu mir, wenn du mich brauchst, ich helfe dir
19. Es ist alles halb so schlimm
20. Das macht nichts!
21. Das schaffst du schon!

(Görlitz, 2010, S. 123)

17. Richtig Loben

Information für Eltern: Richtig loben

Mit Lobäußerungen können Sie Ihrem Kind, Ihrer Familie, Ihrem Partner immer eine Freude machen. Positives uneingeschränktes Lob (ohne Dornen) verbessert Beziehungen und das Familienklima.
Wenn es Ihnen gelingt, sich an die folgenden Regeln zu halten, wird Ihr Lob Freude in den Alltag bringen.

Regeln für Lob-Äußerungen:

- **konkret** (genau beschreiben, kein allgemeines Lob)
- **keine Einschränkung** (ganz, ziemlich, fast)
- **keine negativen Nachsätze** (ist ja ganz schön, aber ...)
- **eindeutiges Lob** (kein falscher Unterton)

10 Beispiele:

1. Du hast die Hausaufgaben sehr schnell erledigt.
2. Ich freue mich darauf, morgen mit dir ins Kino zu gehen.
3. Die Farbe deines Pullovers steht dir gut.
4. Diese Geschichte hast du mir sehr lebendig erzählt.
5. Dein Lächeln bezaubert mich.
6. Ich bin stolz auf dich, wie gut du Basketball spielst.
7. Es macht mir großen Spaß, mit dir zu spielen.
8. Es tut mir gut, gemeinsam mit dir Fahrrad zu fahren.
9. Ich höre dir so gern beim Singen zu.
10. Dein Aufsatz hat mich beeindruckt.

Eigene Lob-Äußerungen:

....
....
....
....
....
....

(modifiziert aus: Görlitz, 2008a)

(Görlitz, 2010, S. 140)

18. Wochenplan - Elternzeit

Wochenplan – Elternzeit

Zur Erleichterung der Alltags-Einteilung hier ein Beispiel für eine mögliche Wochenplanung:

	Mo	Di	Mi	Do	Fr	Sa	So
Elternzeit							
Elternzeit von ... bis ...							
Spiele							
Anderes (Unternehmungen, Gespräche usw.)							
Unterstützung bei den Hausaufgaben							
Zeit für mich selbst zum Krafttanken							

(Görlitz, 2010, S. 110)

19. Energiequellen

Jeder Tag kostet viel Kraft und Energie, insbesondere auch dann, wenn wir gute Eltern sein und den vielfachen Anforderungen an Kindererziehung gerecht werden wollen. Es ist wichtig, dass Eltern sich immer wieder auch selbst bewusst machen, dass sie ihrer Aufgabe dann auch eher gerecht werden können, wenn sie sich Zeit zum Tanken von neuer Kraft und Energie nehmen. Da jeder Mensch seine ganz persönlichen Energiequellen finden muss, können Sie sich im Folgenden Ihre 10 wichtigsten Energiequellen selbst aussuchen und anstreichen.
Wählen Sie dann anschließend 10 weitere Energiequellen aus, die Ihnen auch dann Kraft zu geben vermögen, wenn Sie dies gemeinsam mit Ihrem Kind tun, und markieren Sie diese dann mit einem »K«.

- Urlaubspläne schmieden
- einen Babysitter anrufen
- den Vormittag im Bett verbringen
- Abendruhe für ein Buch
- ein frisch bezogenes Bett
- Morgengymnastik
- einen Freund um Rat fragen
- ein Tag am Fluss, Bach, See
- Schlittschuh laufen
- Großeltern bitten, für ein Wochenende die Kinder zu betreuen
- einen Spaziergang machen
- Freundlichkeitsgesten
- ausgiebig im Bett frühstücken
- im Frühjahr zum ersten Mal wieder draußen sitzen
- schmusen
- ein Spaziergang durch einen verschneiten Wald
- ein warmes Bad
- von Kindern eine Mahlzeit zubereitet bekommen
- den Tisch dekorieren
- sich massieren lassen
- am Feuer sitzen und singen

- durch einen schönen Morgen radeln
- am Klassentreffen teilnehmen
- ein Frühstück mit Ei und Schinken
- ein Saunabesuch
- Gartenarbeit
- schwimmen
- ein Kinoabend
- Tanzen bis zum Umfallen
- Picknick im Wald
- eine frische Rose auf dem Tisch
- sich ungestört einen Fernsehfilm ansehen
- sich Zeit für einen Stadtbummel nehmen
- alte Fotos ansehen
- joggen
- Füße auf den Tisch legen nach getaner Arbeit
- ein Familien-Spiele-Abend
- ein Konzertbesuch alleine
- den Sonnenaufgang betrachten
- rote Grütze mit Sahne
- den Schreibtisch in Ruhe aufräumen
- Grimms Märchen wieder lesen
- Schokolade genießen
- dem Rauschen eines Wasserfalls lauschen
- alte Schlaflieder singen
- Äpfel selbst pflücken
- einen Brief schreiben
- mit Kindern auf den Spielplatz gehen
- Tischtennis spielen
- sich in die Sonne legen
- ganz alleine eine Schale frischer Erdbeeren genießen
- eine Fremdsprache lernen
- Eis essen gehen
- ein Tagesausflug mit einer Freundin
- ein kleines Kätzchen beim Spielen beobachten
- einen Baum pflanzen
- mit dem Ehemann zur Tanzstunde gehen
- Zuckerwatte auf dem Jahrmarkt
- das Lieblingsbuch noch einmal lesen

(Görlitz, 210, S. 118f)

www.ingramcontent.com/pod-product-compliance
Lightning Source LLC
Chambersburg PA
CBHW080412230426
43662CB00016B/2385